기도하는 아이들 ❶

# 기도하는 아이들 - 1권

지은이 | 한국 기도하는 엄마들(MIP KOREA)
초판발행 | 2017. 3. 8
5쇄 | 2018. 11. 6
등록번호 | 제1988-000080호
등록된 곳 | 서울특별시 용산구 서빙고로65길 38
발행처 | 사단법인 두란노서원
영업부 | 2078-3352 fax | 080-749-3705
출판부 | 2078-3331

책 값은 뒤표지에 있습니다.
ISBN 978-89-531-2809-5    04230
      978-89-531-2807-1    04230(세트)

＊독자의 의견을 기다립니다.
tpress@duranno.com   http://www.Duranno.com

# Children In Prayer

# 기도하는 아이들 ①

한국 기도하는 엄마들(MIP KOREA) 지음

두란노

**Moms In Prayer**(기도하는 엄마들)은 전 세계 145개국 엄마들이 동참하고 있는 국제적인 기도운동 단체이다. 1984년 펀 니콜스(Fern Nicols)라는 캐나다의 한 평범한 엄마로부터 시작되어 현재 미국에 국제 본부가 있다.

**한국 기도하는 엄마들**(MIP KOREA)은 1998년 한국에 소개된 이후 지금까지 전국 곳곳에 기도하는 엄마들을 일으키고 있으며, 단순히 자기 자녀와 학교를 위해 기도하는 것을 넘어 한국교회와 다음세대까지 그 지경을 넓혀 중보자들을 세우고 있다.

기도하는 엄마들의 목적은 엄마들이 모여 함께 자녀들을 위해 기도함으로 그들을 몸소 지키며, 자녀들의 학교가 성경적 가치와 높은 도덕적 기준으로 지도할 수 있게 중보 하는 것이다. MIP 기도의 특징은 말씀을 묵상하고 말씀에 근거하여 대화식으로 드리는 합심기도다.

## Arise & Cry Out, MOMS!

"초저녁에 **일어나 부르짖을지어다.**
네 마음을 주의 얼굴 앞에 물 쏟듯 할지어다.
각 길 어귀에서 주려 기진한
네 어린 자녀들의 생명을 위하여
주를 향하여 손을 들지어다." (예레미야애가 2:19)

한국 기도하는 엄마들 홈페이지 www.mip.or.kr

목 차

인사말 6

CIP 주제가 7

비전선언문 및 핵심 성경구절 8

강의안 9

사랑의 하나님 14

용서하시는 하나님 18

인도자 되시는 하나님 22

능력의 하나님 26

chapter 1  엘로힘: 창조주 하나님 30

chapter 2  엘 올람: 영원하신 하나님 34

chapter 3  엘 로이: 보시는 하나님 38

chapter 4  여호와 이레: 준비하시는 하나님 42

chapter 5  여호와 라파: 치료하시는 하나님 46

chapter 6  여호와 닛시: 승리하게 하시는 하나님 50

chapter 7  거룩하신 하나님 54

chapter 8  지혜로우신 하나님 58

chapter 9  인내하시는 하나님 62

chapter 10  신뢰할 분이신 하나님 66

chapter 11  공의로우신 하나님 70

chapter 12  불변자 하나님 74

chapter 13  엘 엘리온: 지극히 높으신 하나님 78

chapter 14  엘: 능력과 힘의 하나님 82

chapter 15  여호와 샬롬: 주님은 우리의 평강 86

chapter 16  여호와 삼마: 거기 계시는 하나님 90

chapter 17  여호와 라아: 목자 되시는 하나님 94

chapter 18  아도나이: 주(주인) 되시는 하나님 98

chapter 19  도우시는 하나님 102

chapter 20  왕이신 하나님 106

chapter 21  신실하신 하나님 110

chapter 22  중보자 되시는 하나님 114

chapter 23  선하신 하나님 118

chapter 24  편재자 하나님 122

복음전도문 126

# 주여! 기도하는 아이들을 일으키소서!

어린아이들이 힘껏 찬양하며, 말씀 들으며, 두 손 모아 기도하는 모습을 보는 것은 우리 모두의 기쁨이요 소망입니다. 하지만 때때로 우리도 모르게 "이 어린 아이들이 찬양을 하면 얼마나, 기도를 하면 얼마나 하겠나" 하며 평가절하할 때가 있는 것 같습니다. 세상과 같은 보편적 시각으로 아이들을 어리다 무시하는 것입니다.

우리가 보기에는 한낱 연약한 어린아이에 불과한 이들이 얼마나 대단한 중보자인지를 시편 8편 2절은 말씀하고 있습니다.

"주의 대적으로 말미암아 어린 아이들과 젖먹이들의 입으로 권능을 세우심이여 이는 원수들과 보복자들을 잠잠하게 하려 하심이니이다"

이는 주께서 어린 아이들과 젖먹이들의 입에 권능을 주사 이들로 말미암아 대적과 원수들을 잠잠하게 하신다는 것입니다.

사탄이 다음세대와 이 땅의 학교들을 삼키려고 우는 사자같이 달려드는 이때에, 말씀으로 무장한 아이들이 하나님을 찬양하며 함께 기도한다면, 약속하신 대로 대적과 원수들을 잠잠케 하시는 하나님의 역사를 보게 되리라 확신합니다.

말씀 기도 훈련인 CIP(Children In Prayer)를 통해 복음으로 무장한 다음세대가 이 땅 가운데 불같이 일어나기를 기대하며, 이 일을 위해 이 책이 널리 쓰임 받게 되기를 간절히 기도합니다.

한국 기도하는엄마들 대표
황숙영 사모(부산 수영로교회)

# CIP 주제가

# 기도하는 아이들

주제성구 시 8:2
Words & music by 황숙영 윤주형

7

# 비전선언문 및 핵심 성경구절

## 비전선언문

우리의 비전은
말씀과 기도로 무장한
강력한 복음의 용사가 되는 것이다

## 핵심 성경구절

주의 대적으로 말미암아 어린 아이들과
젖먹이들의 입으로 권능을 세우심이여 이는 원수들과
보복자들을 잠잠하게 하려 하심이니이다

시편 8편 2절

## CIP 기도는?

말씀기도

+

4단계 대화식 합심(=짝)기도

## CIP 4단계는?

1단계 ➡ 찬양

2단계 ➡ 고백

3단계 ➡ 감사

4단계 ➡ 중보

# 1단계 : 찬양

- 찬양 방법

1) 말씀 안에서 하나님이 어떤 분이신지 찾는다.

2) "하나님은 _____분이시다"라고 쓴다.

3) "_____이신 하나님을 찬양합니다!" 라고 선포한다.

- 말씀 찬양 : 말씀으로 찬양하기

**이사야 14:24**

만군의 여호와께서 맹세하여 이르시되 / 내가 생각한 것이 반드시 되며 / 내가 경영한 것을 반드시 이루리라. 아멘!

- 만군의 여호와 하나님을 찬양합니다. 아멘!
- 생각하신 것을 반드시 되게 하시는 하나님을 찬양합니다. 아멘!
- 경영하시는 것을 반드시 이루시는 하나님을 찬양합니다. 아멘!

**신명기 32:10**

여호와께서 그를 황무지에서, 짐승이 부르짖는 광야에서 만나시고 / 호위하시며 보호하시며 / 자기의 눈동자같이 지키셨도다.
아멘!

- 우리를 황무지에서, 짐승이 부르짖는 광야에서 만나 주시는 하나님을 찬양합니다. 아멘!
- 우리를 호위하시며 보호해 주시는 하나님을 찬양합니다. 아멘!
- 우리를 자기 눈동자같이 지키시는 하나님을 찬양합니다. 아멘!

**로마서 8:34**

누가 정죄하리요 죽으실 뿐 아니라 다시 살아나신 이는 그리스도 예수시니 / 그는 하나님 우편에 계신 자요 / 우리를 위하여 간구하시는 자시니라. 아멘!

- 죽으셨다가 다시 살아나신 그리스도 예수님을 찬양합니다. 아멘!
- 하나님 우편에 계신 예수님을 찬양합니다. 아멘!
- 우리를 위하여 간구하시는 예수님을 찬양합니다. 아멘!

## 2단계 : 고백

- CIP 기도에서는 조용히 침묵하는 가운데 나의 죄를 고백한다.

## 3단계 : 감사

- 하나님께서 이미 기도에 응답하신 것들에 대해 감사기도한다.
- CIP 감사기도는 기도 짝이 기도하는 내용을 잘 듣고 동의 기도를 한다.

예) **지오를 위한 감사기도**

**지오** : 하나님! 저를 아프지 않고 **건강하게** 해주셔서 감사합니다. 아멘!
**한이** : 지오를 항상 안전하고 **건강하게** 지켜 주셔서 감사합니다. 아멘!

**지오** : 함께 예배하고 찬양하는 좋은 **친구를 주셔서** 감사합니다. 아멘!
**한이** : 지오에게 함께 하나님께 나아가는 믿음의 **친구를 주셔서** 감사합니다. 아멘!

## 4단계 : 중보

- 중보기도

  : 다른 사람을 위해 하나님께 기도하는 것으로, 최고의 중보기도는 영혼 구원을 위한 기도이다.

- 말씀으로 기도하기

  : 성경 말씀 안에 자신과 다른 사람(짝/친구)의 이름을 넣고 기도한다. → 성구기도

1. 성구기도 (○○ : 내 이름/친구 이름)

> 여호와여 ○○의 죄와 허물을 기억하지 마시고 주의 인자하심을 따라 ○○를 기억하시되 주의 선하심으로 하옵소서. 여호와는 선하시고 정직하시니 그러므로 그의 도로 ○○를 교훈하옵소서(시편 25:7-8) 아멘!

2. 구체적인 기도 (○○ : 나/친구를 위한 구체적인 기도), 이때 짝의 기도에 동의기도한다.

> 예)
>
> **나(한이) :** 하나님! 저에게 의지력을 주셔서 **줄넘기를** 매일 할 수 있게 해주세요. 아멘!
> **친구 :** 한이가 꾸준히 **줄넘기를** 해서 키도 자라고 몸도 튼튼해지게 해주세요. 아멘!
>
> **나(한이) :** 방학 동안 부족한 공부를 잘 보충하도록 저에게 **지혜를 주세요.** 아멘!
> **친구 :** 한이가 부족했던 공부를 열심히 할 수 있게 **지혜를 주세요.** 아멘!
>
> **나(한이) :** 하나님! 매일 하는 큐티를 통해 아침부터 밤까지 **말씀대로 살 수 있게** 해주세요. 아멘!
> **친구 :** 큐티로 하루를 시작하고 그 **말씀대로 행하는** 한이가 되게 해주세요. 아멘!

3. 학교선생님을 위한 성구기도(예수님을 믿지 않는 선생님/믿는 선생님)

4. 나의 가정과 학교, 교회(교회학교와 부서)와 나라를 위해 기도합니다.

# Children In Prayer

# 사랑의 하나님

**찬양**(8분)

이제 사랑의 하나님을 선포하고 찬양하겠습니다

**| 함께 해요 |** 우리의 아버지 되시는 하나님께서는 죄에 빠진 우리를 포기하지 않고, 용서하며 기다리시는 분이십니다. 때로 하나님께서 하시는 꾸지람은 우리가 잘못된 길로 가지 않기를 바라시는 사랑의 회초리임을 기억합시다. 우리를 먼저 사랑하신 하나님께서 죽음으로까지 그 사랑을 보여 주셨는데, 그것은 바로 예수님이 우리를 위하여 십자가에서 죽으신 사랑입니다. 사랑의 하나님에 관한 말씀을 읽어 봅시다.

- 요한복음 3:16 하나님이 세상을 이처럼 사랑하사 독생자를 주셨으니 이는 그를 믿는 자마다 멸망하지 않고 영생을 얻게 하려 하심이라

- 요한일서 4:10 사랑은 여기 있으니 우리가 하나님을 사랑한 것이 아니요 하나님이 우리를 사랑하사 우리 죄를 속하기 위하여 화목 제물로 그 아들을 보내셨음이라

- 요한일서 4:16 하나님이 우리를 사랑하시는 사랑을 우리가 알고 믿었노니 하나님은 사랑이시라 사랑 안에 거하는 자는 하나님 안에 거하고 하나님도 그의 안에 거하시느니라

## 고백(2-3분)

내가 죄를 품고 있으면 하나님은 나의 기도를 듣지 않으세요. 이 시간은 조용히 나의 죄를 고백하는 기도를 하겠습니다

만일 내가 죄를 고백하면 하나님께서는 신실하시고 의로우심으로 내 죄를 용서하시고 깨끗하게 하신다고 말씀하셨습니다. 이 말씀대로 나의 죄가 예수님의 보혈로 깨끗하게 씻겼음을 믿습니다. 성령님 이제 나를 온전히 다스리시고 성령으로 충만하게 해주세요. 또한 구하는 자에게 성령 충만을 주신다는 것을 믿고 감사드립니다.

## 감사(5분)

이 시간은 하나님이 기도 응답을 해주신 것에 대하여 감사기도 드리겠습니다

| 나 _____를 위한 감사 | 친구 _____를 위한 감사 |
| --- | --- |
| | |
| | |
| | |

 **중보**(10분)
이 시간은 다른 사람들(가족, 친구, 선생님, 교회, 학교, 나라)을 위해 기도하겠습니다

### 1. 성구기도

성구기도는 성경 말씀으로 하는 기도입니다. 성경 말씀에 이름을 넣어 기도해 봅시다. 먼저 나의 이름을 넣어 선포한 다음, 친구의 이름을 넣어 선포하겠습니다.

"능히 모든 성도와 함께 지식에 넘치는 그리스도의 사랑을 알고 그 너비와 길이와 높이와 깊이가 어떠함을 깨달아 하나님의 모든 충만하신 것으로 _____에게 충만하게 하시기를 구하노라"(에베소서 3:18-19)

### 2. 구체적인 기도

| 나 _____를 위한 구체적인 기도 제목 | 친구 _____를 위한 구체적인 기도 제목 |
| --- | --- |
|  |  |
|  |  |
|  |  |

### 3. 학교 선생님을 위한 성구기도

**예수님을 믿지 않는 학교 선생님을 위한 기도**

_____선생님의 눈을 열어 주셔서 어두움에서 빛으로, 사탄의 권세에서 하나님께로 돌아오게 하시고, 죄사함과 예수를 믿어 거룩하게 된 무리 가운데서 기업을 얻게 하옵소서. (사도행전 26:18)

**예수님을 믿는 학교 선생님을 위한 기도**

우리 주 예수 그리스도의 하나님, 영광의 아버지께서 지혜와 계시의 영을 _____선생님에게 주셔서 하나님을 더 깊이 알게 하시고 _____선생님의 마음의 눈을 밝히셔서 교사로 부르심의 소망이 무엇인지 알게 하여 주시옵소서. (에베소서 1:17-18)

| 가정을 위한 중보기도 | 학교를 위한 중보기도 | 교회(교회학교와 부서)와 나라를 위한 중보기도 |
| --- | --- | --- |
|  |  |  |

## 마무리

오늘도 사랑의 하나님을 더 깊이 알아 갈 수 있도록
우리의 기도를 이끌어 주신 하나님께 감사와 찬양과 영광을 올려드리며
예수님의 이름으로 기도드립니다. 아멘.

## Children In Prayer

# 용서하시는
# 하나님

### 찬양(8분)

이제 용서하시는 하나님을 선포하고 찬양하겠습니다

| 함께 해요 | 우리는 용서하고 싶지 않은 나의 고집 때문에 다른 사람을 향해 싫은 마음을 품고 삽니다. 그러나 용서하지 못하는 마음을 품는 것은 목에 무겁고 고통스러운 돌덩이를 걸고 있는 것처럼 스스로를 괴롭게 하는 것이에요. 용서가 어려울 때 우리를 용서하기 위해 값을 치르신 예수님을 기억하세요. 예수님께서 용서의 힘을 주실 것입니다. 지금 내가 용서할 사람이 있습니까? 그렇다면 용서를 통하여 기쁨을 누려 보세요. 용서하시는 하나님에 관한 말씀을 읽어 봅시다.

• 에베소서 1:7 우리는 그리스도 안에서 그의 은혜의 풍성함을 따라 그의 피로 말미암아 속량 곧 죄 사함을 받았느니라

• 요한일서 1:9 만일 우리가 우리 죄를 자백하면 그는 미쁘시고 의로우사 우리 죄를 사하시며 우리를 모든 불의에서 깨끗하게 하실 것이요

• 역대하 7:14 내 이름으로 일컫는 내 백성이 그들의 악한 길에서 떠나 스스로 낮추고 기도하여 내 얼굴을 찾으면 내가 하늘에서 듣고 그들의 죄를 사하고 그들의 땅을 고칠지라

## 고백(2-3분)

내가 죄를 품고 있으면 하나님은 나의 기도를 듣지 않으세요. 이 시간은 조용히 나의 죄를 고백하는 기도를 하겠습니다

만일 내가 죄를 고백하면 하나님께서는 신실하시고 의로우심으로 내 죄를 용서하시고 깨끗하게 하신다고 말씀하셨습니다. 이 말씀대로 나의 죄가 예수님의 보혈로 깨끗하게 씻겼음을 믿습니다. 성령님 이제 나를 온전히 다스리시고 성령으로 충만하게 해주세요. 또한 구하는 자에게 성령 충만을 주신다는 것을 믿고 감사드립니다.

## 감사(5분)

이 시간은 하나님이 기도 응답을 해주신 것에 대하여 감사기도 드리겠습니다

나 _____를 위한 감사          친구 _____를 위한 감사

**중보**(10분)

이 시간은 다른 사람들(가족, 친구, 선생님, 교회, 학교, 나라)을 위해 기도하겠습니다

## 1. 성구기도

성구기도는 성경 말씀으로 하는 기도입니다. 성경 말씀에 이름을 넣어 기도해 봅시다. 먼저 나의 이름을 넣어 선포한 다음, 친구의 이름을 넣어 선포하겠습니다.

"＿＿＿＿＿은(는) 모든 악독과 노함과 분냄과 떠드는 것과 비방하는 것을 모든 악의와 함께 버리고 서로 친절하게 하며 불쌍히 여기며 서로 용서하기를 하나님이 그리스도 안에서 ＿＿＿＿＿을(를) 용서하심과 같이 하라"(에베소서 4:31-32)

## 2. 구체적인 기도

| 나 ＿＿＿＿＿를 위한<br>구체적인 기도 제목 | 친구 ＿＿＿＿＿를 위한<br>구체적인 기도 제목 |
| --- | --- |
| | |
| | |
| | |

### 3. 학교 선생님을 위한 성구기도

**예수님을 믿지 않는 학교 선생님을 위한 기도**

_____선생님의 눈을 열어 주셔서 어두움에서 빛으로, 사탄의 권세에서 하나님께로 돌아오게 하시고, 죄사함과 예수를 믿어 거룩하게 된 무리 가운데서 기업을 얻게 하옵소서. (사도행전 26:18 )

**예수님을 믿는 학교 선생님을 위한 기도**

우리 주 예수 그리스도의 하나님, 영광의 아버지께서 지혜와 계시의 영을 _____선생님에게 주셔서 하나님을 더 깊이 알게 하시고 _____선생님의 마음의 눈을 밝히셔서 교사로 부르심의 소망이 무엇인지 알게 하여 주시옵소서. (에베소서 1:17-18 )

| 가정을 위한 중보기도 | 학교를 위한 중보기도 | 교회(교회학교와 부서)와 나라를 위한 중보기도 |
| --- | --- | --- |
| | | |

## 마무리

오늘도 용서하시는 하나님을 더 깊이 알아 갈 수 있도록
우리의 기도를 이끌어 주신 하나님께 감사와 찬양과 영광을 올려드리며
예수님의 이름으로 기도드립니다. 아멘.

# 인도자 되시는 하나님

## 찬양(8분)

이제 인도자 되시는 하나님을 선포하고 찬양하겠습니다

| 함께 해요 | 학교와 교회 생활 가운데 나름대로 개인의 목표를 가지고 열심히 하지만 때때로 힘든 순간이 찾아옵니다. 포기하고 싶고 모든 것이 어렵게 느껴지기도 합니다. 하지만 하나님은 우리 각 개인을 향한 계획을 가지고 계십니다. 우리는 하나님께서 자녀 된 우리를 인도하겠다고 약속하신 말씀에 확신을 가져야 합니다. 우리의 인도자 되시는 하나님을 기꺼이 따르고 순종하는 겸손한 마음을 우리 가운데 주시기를 기도합시다. 인도자 되시는 하나님에 관한 말씀을 읽어 봅시다.

- 이사야 58:11 여호와가 너를 항상 인도하여 메마른 곳에서도 네 영혼을 만족하게 하며 네 뼈를 견고하게 하리니 너는 물 댄 동산 같겠고 물이 끊어지지 아니하는 샘 같을 것이라

- 이사야 48:17 너희의 구속자시요 이스라엘의 거룩하신 이이신 여호와께서 이르시되 나는 네게 유익하도록 가르치고 너를 마땅히 행할 길로 인도하는 네 하나님 여호와라

- 출애굽기 13:21 여호와께서 그들 앞에서 가시며 낮에는 구름 기둥으로 그들의 길을 인도하시고 밤에는 불 기둥을 그들에게 비추사 낮이나 밤이나 진행하게 하시니

## 고백 (2-3분)

내가 죄를 품고 있으면 하나님은 나의 기도를 듣지 않으세요. 이 시간은 조용히 나의 죄를 고백하는 기도를 하겠습니다

만일 내가 죄를 고백하면 하나님께서는 신실하시고 의로우심으로 내 죄를 용서하시고 깨끗하게 하신다고 말씀하셨습니다. 이 말씀대로 나의 죄가 예수님의 보혈로 깨끗하게 씻겼음을 믿습니다. 성령님 이제 나를 온전히 다스리시고 성령으로 충만하게 해주세요. 또한 구하는 자에게 성령 충만을 주신다는 것을 믿고 감사드립니다.

## 감사 (5분)

이 시간은 하나님이 기도 응답을 해주신 것에 대하여 감사기도 드리겠습니다

나 _____를 위한 감사             친구 _____를 위한 감사

 **중보**(10분)

이 시간은 다른 사람들(가족, 친구, 선생님, 교회, 학교, 나라)을 위해 기도하겠습니다

## 1. 성구기도

성구기도는 성경 말씀으로 하는 기도입니다. 성경 말씀에 이름을 넣어 기도해 봅시다. 먼저 나의 이름을 넣어 선포한 다음, 친구의 이름을 넣어 선포하겠습니다.

"여호와가 _____을(를) 항상 인도하여 메마른 곳에서도 네 영혼을 만족하게 하며 네 뼈를 견고하게 하리니 _____은(는) 물 댄 동산 같겠고 물이 끊어지지 아니하는 샘 같을 것이라"(이사야 58:11)

## 2. 구체적인 기도

나 _____를 위한
구체적인 기도 제목

친구 _____를 위한
구체적인 기도 제목

3. 학교 선생님을 위한 성구기도

**예수님을 믿지 않는 학교 선생님을 위한 기도**

_____선생님의 눈을 열어 주셔서 어두움에서 빛으로, 사탄의 권세에서 하나님께로 돌아오게 하시고, 죄사함과 예수를 믿어 거룩하게 된 무리 가운데서 기업을 얻게 하옵소서. (사도행전 26:18)

**예수님을 믿는 학교 선생님을 위한 기도**

우리 주 예수 그리스도의 하나님, 영광의 아버지께서 지혜와 계시의 영을 _____선생님에게 주셔서 하나님을 더 깊이 알게 하시고 _____선생님의 마음의 눈을 밝히셔서 교사로 부르심의 소망이 무엇인지 알게 하여 주시옵소서. (에베소서 1:17-18)

| 가정을 위한 중보기도 | 학교를 위한 중보기도 | 교회(교회학교와 부서)와<br>나라를 위한 중보기도 |
|---|---|---|
| | | |

**마무리**

오늘도 인도자 되시는 하나님을 더 깊이 알아 갈 수 있도록

우리의 기도를 이끌어 주신 하나님께 감사와 찬양과 영광을 올려드리며

예수님의 이름으로 기도드립니다. 아멘.

## Children In Prayer

# 능력의 하나님

**찬양**(8분)

이제 능력의 하나님을 선포하고 찬양하겠습니다

| 함께 해요 | 하나님은 무슨 일이든 행하실 수 있는 능력의 하나님이세요. 가정에서나 학교에서 내가 어떤 힘든 일을 하게 될지라도 하나님은 권세와 힘으로 나를 도우실 능력을 갖고 계십니다. 진실로 하나님은 그의 크신 능력으로 나와 함께 하세요. 하나님의 능력에 관한 말씀을 읽어 봅시다.

- 역대상 29:12 부와 귀가 주께로 말미암고 또 주는 만물의 주재가 되사 손에 권세와 능력이 있사오니 모든 사람을 크게 하심과 강하게 하심이 주의 손에 있나이다

- 시편 89:13 주의 팔에 능력이 있사오며 주의 손은 강하고 주의 오른손은 높이 들리우셨나이다

- 이사야 40:26 너희는 눈을 높이 들어 누가 이 모든 것을 창조하였나 보라 주께서는 수효대로 만상을 이끌어 내시고 그들의 모든 이름을 부르시나니 그의 권세가 크고 그의 능력이 강하므로 하나도 빠짐이 없느니라

**고백**(2–3분)

내가 죄를 품고 있으면 하나님은 나의 기도를 듣지 않으세요. 이 시간은 조용히 나의 죄를 고백하는 기도를 하겠습니다

만일 내가 죄를 고백하면 하나님께서는 신실하시고 의로우심으로 내 죄를 용서하시고 깨끗하게 하신다고 말씀하셨습니다. 이 말씀대로 나의 죄가 예수님의 보혈로 깨끗하게 씻겼음을 믿습니다. 성령님 이제 나를 온전히 다스리시고 성령으로 충만하게 해주세요. 또한 구하는 자에게 성령 충만을 주신다는 것을 믿고 감사드립니다.

**감사**(5분)

이 시간은 하나님이 기도 응답을 해주신 것에 대하여 감사기도 드리겠습니다

나 _____ 를 위한 감사          친구 _____ 를 위한 감사

**중보**(10분)

이 시간은 다른 사람들(가족, 친구, 선생님, 교회, 학교, 나라)을 위해 기도하겠습니다

## 1. 성구기도

성구기도는 성경 말씀으로 하는 기도입니다. 성경 말씀에 이름을 넣어 기도해 봅시다. 먼저 나의 이름을 넣어 선포한 다음, 친구의 이름을 넣어 선포하겠습니다.

"끝으로 _____이(가) 주 안에서와 그 힘의 능력으로 강건하여지고 마귀의 간계를 능히 대적하기 위하여 하나님의 전신 갑주를 입으라"(에베소서 6:10-11)

## 2. 구체적인 기도

| 나 _____를 위한 구체적인 기도 제목 | 친구 _____를 위한 구체적인 기도 제목 |
|---|---|
|  |  |
|  |  |
|  |  |

## 3. 학교 선생님을 위한 성구기도

### 예수님을 믿지 않는 학교 선생님을 위한 기도

_____선생님의 눈을 열어 주셔서 어두움에서 빛으로, 사탄의 권세에서 하나님께로 돌아오게 하시고, 죄사함과 예수를 믿어 거룩하게 된 무리 가운데서 기업을 얻게 하옵소서. (사도행전 26:18)

### 예수님을 믿는 학교 선생님을 위한 기도

우리 주 예수 그리스도의 하나님, 영광의 아버지께서 지혜와 계시의 영을 _____선생님에게 주셔서 하나님을 더 깊이 알게 하시고 _____선생님의 마음의 눈을 밝히셔서 교사로 부르심의 소망이 무엇인지 알게 하여 주시옵소서. (에베소서 1:17-18)

| 가정을 위한 중보기도 | 학교를 위한 중보기도 | 교회(교회학교와 부서)와 나라를 위한 중보기도 |
| --- | --- | --- |
|  |  |  |

## 마무리

오늘도 능력의 하나님을 더 깊이 알아 갈 수 있도록

우리의 기도를 이끌어 주신 하나님께 감사와 찬양과 영광을 올려드리며

예수님의 이름으로 기도드립니다. 아멘.

# chapter 1

# 엘로힘: 창조주 하나님

**찬양**(8분)

이제 엘로힘–창조주 하나님을 선포하고 찬양하겠습니다

| 함께 해요 | 하나님을 아는 것은 우리에게 두 가지 사실을 가르쳐 줍니다. 우리는 하나님의 영광 곧 기쁨을 위해 지음 받았고, 그 뜻을 이루며 살아야 한다는 것입니다.

• 창세기 1:1 태초에 하나님이 천지를 창조하시니라

• 시편 95:4-7 땅의 깊은 곳이 그의 손 안에 있으며 산들의 높은 곳도 그의 것이로다 바다도 그의 것이라 그가 만드셨고 육지도 그의 손이 지으셨도다 오라 우리가 굽혀 경배하며 우리를 지으신 여호와 앞에 무릎을 꿇자 그는 우리의 하나님이시요 우리는 그가 기르시는 백성이며 그의 손이 돌보시는 양이기 때문이라 너희가 오늘 그의 음성을 듣거든

**고백**(2-3분)

내가 죄를 품고 있으면 하나님은 나의 기도를 듣지 않으세요. 이 시간은 조용히 나의 죄를 고백하는 기도를 하겠습니다

만일 내가 죄를 고백하면 하나님께서는 신실하시고 의로우심으로 내 죄를 용서하시고 깨끗하게 하신다고 말씀하셨습니다. 이 말씀대로 나의 죄가 예수님의 보혈로 깨끗하게 씻겼음을 믿습니다. 성령님 이제 나를 온전히 다스리시고 성령으로 충만하게 해주세요. 또한 구하는 자에게 성령 충만을 주신다는 것을 믿고 감사드립니다.

**감사**(5분)

이 시간은 하나님이 기도 응답을 해주신 것에 대하여 감사기도 드리겠습니다

나 _____를 위한 감사          친구 _____를 위한 감사

31

 **중보**(10분)

이 시간은 다른 사람들(가족, 친구, 선생님, 교회, 학교, 나라)을 위해 기도하겠습니다

## 1. 성구기도

성구기도는 성경 말씀으로 하는 기도입니다. 성경 말씀에 이름을 넣어 기도해 봅시다. 먼저 나의 이름을 넣어 선포한 다음, 친구의 이름을 넣어 선포하겠습니다.

"바다도 그의 것이라 그가 만드셨고 육지도 그의 손이 지으셨도다 오라 _____가 굽혀 경배하며 _____를 지으신 여호와 앞에 무릎을 꿇자"(시편 95:5-6)

## 2. 구체적인 기도

| 나 _____를 위한 구체적인 기도 제목 | 친구 _____를 위한 구체적인 기도 제목 |
| --- | --- |
| | |
| | |
| | |

## 3. 학교 선생님을 위한 성구기도

**예수님을 믿지 않는 학교 선생님을 위한 기도**

_____선생님의 눈을 열어 주셔서 어두움에서 빛으로, 사탄의 권세에서 하나님께로 돌아오게 하시고, 죄사함과 예수를 믿어 거룩하게 된 무리 가운데서 기업을 얻게 하옵소서. (사도행전 26:18)

**예수님을 믿는 학교 선생님을 위한 기도**

평강의 하나님이 모든 선한 일에 _____선생님을 온전케 하사 주님의 뜻을 행하게 하시고 그 앞에 즐거운 것을 예수 그리스도로 말미암아 우리 자녀들 속에 이루는 축복의 통로가 되게 하옵소서(히브리서 13:21)

| 가정을 위한 중보기도 | 학교를 위한 중보기도 | 교회(교회학교와 부서)와 나라를 위한 중보기도 |
| --- | --- | --- |
| | | |

## 마무리

오늘도 엘로힘-창조주 하나님을 더 깊이 알아 갈 수 있도록
우리의 기도를 이끌어 주신 하나님께 감사와 찬양과 영광을 올려드리며
예수님의 이름으로 기도드립니다. 아멘.

# chapter 2

# 엘 올람:
# 영원하신 하나님

## 찬양(8분)

이제 엘 올람–영원하신 하나님을 선포하고 찬양하겠습니다

| 함께 해요 | 하나님은 영원하십니다. 하나님이 존재하지 않으셨던 때는 결코 없습니다. 하나님은 항상 살아계셔서 우리의 과거와 현재와 미래를 보고 계시며, 영원히 우리와 함께 하시는 분이십니다.

• 시편 90:1-2 주여 주는 대대에 우리의 거처가 되셨나이다 산이 생기기 전, 땅과 세계도 주께서 조성하시기 전 곧 영원부터 영원까지 주는 하나님이시니이다

• 이사야 26:4 너희는 여호와를 영원히 신뢰하라 주 여호와는 영원한 반석이심이로다

## 고백(2-3분)

내가 죄를 품고 있으면 하나님은 나의 기도를 듣지 않으세요. 이 시간은 조용히 나의 죄를 고백하는 기도를 하겠습니다

만일 내가 죄를 고백하면 하나님께서는 신실하시고 의로우심으로 내 죄를 용서하시고 깨끗하게 하신다고 말씀하셨습니다. 이 말씀대로 나의 죄가 예수님의 보혈로 깨끗하게 씻겼음을 믿습니다. 성령님 이제 나를 온전히 다스리시고 성령으로 충만하게 해주세요. 또한 구하는 자에게 성령 충만을 주신다는 것을 믿고 감사드립니다.

## 감사(5분)

이 시간은 하나님이 기도 응답을 해주신 것에 대하여 감사기도 드리겠습니다

나 _____를 위한 감사          친구 _____를 위한 감사

## 중보(10분)

이 시간은 다른 사람들(가족, 친구, 선생님, 교회, 학교, 나라)을 위해 기도하겠습니다

### 1. 성구기도

성구기도는 성경 말씀으로 하는 기도입니다. 성경 말씀에 이름을 넣어 기도해 봅시다. 먼저 나의 이름을 넣어 선포한 다음, 친구의 이름을 넣어 선포하겠습니다.

"_____는 여호와를 영원히 신뢰하라 주 여호와는 영원한 반석이심이로다"(이사야 26:4)

### 2. 구체적인 기도

| 나 _____를 위한<br>구체적인 기도 제목 | 친구 _____를 위한<br>구체적인 기도 제목 |
| --- | --- |
| | |
| | |
| | |

### 3. 학교 선생님을 위한 성구기도

**예수님을 믿지 않는 학교 선생님을 위한 기도**

_____선생님의 눈을 열어 주셔서 어두움에서 빛으로, 사탄의 권세에서 하나님께로 돌아오게 하시고, 죄사함과 예수를 믿어 거룩하게 된 무리 가운데서 기업을 얻게 하옵소서. (사도행전 26:18)

**예수님을 믿는 학교 선생님을 위한 기도**

우리 주 예수 그리스도의 하나님, 영광의 아버지께서 지혜와 계시의 영을 _____선생님에게 주셔서 하나님을 더 깊이 알게 하시고 _____선생님의 마음의 눈을 밝히셔서 교사로 부르심의 소망이 무엇인지 알게 하여 주시옵소서. (에베소서 1:17-18)

| 가정을 위한 중보기도 | 학교를 위한 중보기도 | 교회(교회학교와 부서)와 나라를 위한 중보기도 |
| --- | --- | --- |
|  |  |  |

## 마무리

오늘도 엘 올람-영원하신 하나님을 더 깊이 알아 갈 수 있도록
우리의 기도를 이끌어 주신 하나님께 감사와 찬양과 영광을 올려드리며
예수님의 이름으로 기도드립니다. 아멘.

# chapter 3

# 엘 로이:
# 보시는 하나님

### 찬양(8분)

이제 엘 로이-보시는 하나님을 선포하고 찬양하겠습니다

| 함께 해요 | 하나님은 우리의 평안과 안전을 위하여 돌보시는, 즉 감찰하시는(살피시는) 성실한 분이십니다. 또한 우리의 모든 필요를 보시고, 그 모든 필요를 채우기 원하시며, 채워 주실 수 있는 능력이 있는 분이십니다.

• 출애굽기 4:31 백성이 믿으며 여호와께서 이스라엘 자손을 찾으시고 그들의 고난을 살피셨다 함을 듣고 머리 숙여 경배하였더라

• 시편 33:13-15 여호와께서 하늘에서 굽어보사 모든 인생을 살피심이여 곧 그가 거하시는 곳에서 세상의 모든 거민들을 굽어살피시는도다 그는 그들 모두의 마음을 지으시며 그들이 하는 일을 굽어살피시는 이로다

## 고백(2-3분)

내가 죄를 품고 있으면 하나님은 나의 기도를 듣지 않으세요. 이 시간은 조용히 나의
죄를 고백하는 기도를 하겠습니다

만일 내가 죄를 고백하면 하나님께서는 신실하시고 의로우심으로 내 죄를 용서하
시고 깨끗하게 하신다고 말씀하셨습니다. 이 말씀대로 나의 죄가 예수님의 보혈로
깨끗하게 씻겼음을 믿습니다. 성령님 이제 나를 온전히 다스리시고 성령으로 충만
하게 해주세요. 또한 구하는 자에게 성령 충만을 주신다는 것을 믿고 감사드립니다.

## 감사(5분)

이 시간은 하나님이 기도 응답을 해주신 것에 대하여 감사기도 드리겠습니다

나 _____를 위한 감사                        친구 _____를 위한 감사

## 중보 (10분)

이 시간은 다른 사람들(가족, 친구, 선생님, 교회, 학교, 나라)을 위해 기도하겠습니다

### 1. 성구기도

성구기도는 성경 말씀으로 하는 기도입니다. 성경 말씀에 이름을 넣어 기도해 봅시다. 먼저 나의 이름을 넣어 선포한 다음, 친구의 이름을 넣어 선포하겠습니다.

"이제 여호와께서 말씀하시나니 그는 태에서부터 나를 그의 종으로 지으신 이시요 야곱을 그에게로 돌아오게 하시는 이시니 이스라엘이 그에게로 모이는도다 그러므로 _____이(가) 여호와 보시기에 영화롭게 되었으며 나의 하나님은 _____의 힘이 되셨도다"(이사야 49:5)

### 2. 구체적인 기도

|  나 _____를 위한<br>구체적인 기도 제목 | 친구 _____를 위한<br>구체적인 기도 제목 |
| --- | --- |
|  |  |
|  |  |
|  |  |

### 3. 학교 선생님을 위한 성구기도

**예수님을 믿지 않는 학교 선생님을 위한 기도**

_____선생님의 눈을 열어 주셔서 어두움에서 빛으로, 사탄의 권세에서 하나님께로 돌아오게 하시고, 죄사함과 예수를 믿어 거룩하게 된 무리 가운데서 기업을 얻게 하옵소서. (사도행전 26:18)

**예수님을 믿는 학교 선생님을 위한 기도**

평강의 하나님이 모든 선한 일에 _____선생님을 온전케 하사 주님의 뜻을 행하게 하시고 그 앞에 즐거운 것을 예수 그리스도로 말미암아 우리 자녀들 속에 이루는 축복의 통로가 되게 하옵소서. (히브리서 13:21)

| 가정을 위한 중보기도 | 학교를 위한 중보기도 | 교회(교회학교와 부서)와<br>나라를 위한 중보기도 |
| --- | --- | --- |
|  |  |  |

## 마무리

오늘도 엘 로이-보시는 하나님을 더 깊이 알아 갈 수 있도록

우리의 기도를 이끌어 주신 하나님께 감사와 찬양과 영광을 올려드리며

예수님의 이름으로 기도드립니다. 아멘.

# chapter 4

# 여호와 이레: 준비하시는 하나님

## 찬양(8분)

이제 여호와 이레-준비하시는 하나님을 선포하고 찬양하겠습니다

| 함께 해요 | 여호와 이레 우리 아버지는 우리의 필요를 헤아리고 준비하시는 하나님이십니다. 그렇지만 하나님은 우리에게 그분께로 나아와 기도하라고 말씀하십니다.

- 창세기 22:13-14 아브라함이 눈을 들어 살펴본즉 한 숫양이 뒤에 있는데 뿔이 수풀에 걸려 있는지라 아브라함이 가서 그 숫양을 가져다가 아들을 대신하여 번제로 드렸더라 아브라함이 그 땅 이름을 여호와 이레라 하였으므로 오늘날까지 사람들이 이르기를 여호와의 산에서 준비되리라 하더라

- 마태복음 6:31-33 그러므로 염려하여 이르기를 무엇을 먹을까 무엇을 마실까 무엇을 입을까 하지 말라 이는 다 이방인들이 구하는 것이라 너희 하늘 아버지께서 이 모든 것이 너희에게 있어야 할 줄을 아시느니라 그런즉 너희는 먼저 그의 나라와 그의 의를 구하라 그리하면 이 모든 것을 너희에게 더하시리라

- 빌립보서 4:19 나의 하나님이 그리스도 예수 안에서 영광 가운데 그 풍성한 대로 너희 모든 쓸 것을 채우시리라

## 고백(2-3분)

내가 죄를 품고 있으면 하나님은 나의 기도를 듣지 않으세요. 이 시간은 조용히 나의 죄를 고백하는 기도를 하겠습니다

만일 내가 죄를 고백하면 하나님께서는 신실하시고 의로우심으로 내 죄를 용서하시고 깨끗하게 하신다고 말씀하셨습니다. 이 말씀대로 나의 죄가 예수님의 보혈로 깨끗하게 씻겼음을 믿습니다. 성령님 이제 나를 온전히 다스리시고 성령으로 충만하게 해주세요. 또한 구하는 자에게 성령 충만을 주신다는 것을 믿고 감사드립니다.

## 감사(5분)

이 시간은 하나님이 기도 응답을 해주신 것에 대하여 감사기도 드리겠습니다

나 _____를 위한 감사          친구 _____를 위한 감사

## 중보(10분)

이 시간은 다른 사람들(가족, 친구, 선생님, 교회, 학교, 나라)을 위해 기도하겠습니다

### 1. 성구기도

성구기도는 성경 말씀으로 하는 기도입니다. 성경 말씀에 이름을 넣어 기도해 봅시다. 먼저 나의 이름을 넣어 선포한 다음, 친구의 이름을 넣어 선포하겠습니다.

" _____의 하나님이 그리스도 예수 안에서 영광 가운데 그 풍성한 대로 _____의 모든 쓸 것을 채우시리라"(빌립보서 4:19)

### 2. 구체적인 기도

<table>
<tr><td>나 _____를 위한<br>구체적인 기도 제목</td><td>친구 _____를 위한<br>구체적인 기도 제목</td></tr>
<tr><td></td><td></td></tr>
<tr><td></td><td></td></tr>
<tr><td></td><td></td></tr>
</table>

### 예수님을 믿지 않는 학교 선생님을 위한 기도

_____선생님의 눈을 열어 주셔서 어두움에서 빛으로, 사탄의 권세에서 하나님께로 돌아오게 하시고, 죄사함과 예수를 믿어 거룩하게 된 무리 가운데서 기업을 얻게 하옵소서. (사도행전 26:18)

### 예수님을 믿는 학교 선생님을 위한 기도

우리 주 예수 그리스도의 하나님, 영광의 아버지께서 지혜와 계시의 영을 _____선생님에게 주셔서 하나님을 더 깊이 알게 하시고 _____선생님의 마음의 눈을 밝히셔서 교사로 부르심의 소망이 무엇인지 알게 하여 주시옵소서. (에베소서 1:17-18)

| 가정을 위한 중보기도 | 학교를 위한 중보기도 | 교회(교회학교와 부서)와 나라를 위한 중보기도 |
| --- | --- | --- |
| | | |

## 마무리

오늘도 여호와 이레-준비하시는 하나님을 더 깊이 알아 갈 수 있도록
우리의 기도를 이끌어 주신 하나님께 감사와 찬양과 영광을 올려드리며
예수님의 이름으로 기도드립니다. 아멘.

# chapter 5

# 여호와 라파: 치료하시는 하나님

**찬양**(8분)

이제 여호와 라파-치료하시는 하나님을 선포하고 찬양하겠습니다

| 함께 해요 | 육체적이든 감정적이든 영적이든 간에 치료를 위해 제일 먼저 찾아야 할 분은 여호와 라파-치료하시는 하나님이십니다. 여호와 라파의 하나님은 우리의 몸을 치유하실 뿐 아니라 우리의 영혼과 마음까지 회복시키시는 분이십니다.

• 출애굽기 15:26 이르시되 너희가 너희 하나님 나 여호와의 말을 들어 순종하고 내가 보기에 의를 행하며 내 계명에 귀를 기울이며 내 모든 규례를 지키면 내가 애굽 사람에게 내린 모든 질병 중 하나도 너희에게 내리지 아니하리니 나는 너희를 치료하는 여호와임이라

• 시편 103:3 그가 네 모든 죄악을 사하시며 네 모든 병을 고치시며

• 마태복음 8:16 저물매 사람들이 귀신 들린 자를 많이 데리고 예수께 오거늘 예수께서 말씀으로 귀신들을 쫓아 내시고 병든 자들을 다 고치시니

## 고백(2-3분)

내가 죄를 품고 있으면 하나님은 나의 기도를 듣지 않으세요. 이 시간은 조용히 나의 죄를 고백하는 기도를 하겠습니다

만일 내가 죄를 고백하면 하나님께서는 신실하시고 의로우심으로 내 죄를 용서하시고 깨끗하게 하신다고 말씀하셨습니다. 이 말씀대로 나의 죄가 예수님의 보혈로 깨끗하게 씻겼음을 믿습니다. 성령님 이제 나를 온전히 다스리시고 성령으로 충만하게 해주세요. 또한 구하는 자에게 성령 충만을 주신다는 것을 믿고 감사드립니다.

## 감사(5분)

이 시간은 하나님이 기도 응답을 해주신 것에 대하여 감사기도 드리겠습니다

나 _____를 위한 감사                친구 _____를 위한 감사

## 중보(10분)

이 시간은 다른 사람들(가족, 친구, 선생님, 교회, 학교, 나라)을 위해 기도하겠습니다

### 1. 성구기도

성구기도는 성경 말씀으로 하는 기도입니다. 성경 말씀에 이름을 넣어 기도해 봅시다. 먼저 나의 이름을 넣어 선포한 다음, 친구의 이름을 넣어 선포하겠습니다.

"여호와여 주는 ＿＿＿＿＿＿의 찬송이시오니 나를 고치소서 그리하시면 ＿＿＿＿＿＿이(가) 낫겠나이다 나를 구원하소서 그리하시면 ＿＿＿＿＿＿이(가) 구원을 얻으리이다"(예레미야 17:14)

### 2. 구체적인 기도

| 나 ＿＿＿＿＿를 위한<br>구체적인 기도 제목 | 친구 ＿＿＿＿＿를 위한<br>구체적인 기도 제목 |
|---|---|
| | |
| | |
| | |

48

### 3. 학교 선생님을 위한 성구기도

**예수님을 믿지 않는 학교 선생님을 위한 기도**

_____선생님의 눈을 열어 주셔서 어두움에서 빛으로, 사탄의 권세에서 하나님께로 돌아오게 하시고, 죄사함과 예수를 믿어 거룩하게 된 무리 가운데서 기업을 얻게 하옵소서. (사도행전 26:18)

**예수님을 믿는 학교 선생님을 위한 기도**

우리 주 예수 그리스도의 하나님, 영광의 아버지께서 지혜와 계시의 영을 _____선생님에게 주셔서 하나님을 더 깊이 알게 하시고 _____선생님의 마음의 눈을 밝히셔서 교사로 부르심의 소망이 무엇인지 알게 하여 주시옵소서. (에베소서 1:17-18)

| 가정을 위한 중보기도 | 학교를 위한 중보기도 | 교회(교회학교와 부서)와 나라를 위한 중보기도 |
|---|---|---|
|  |  |  |

## 마무리

오늘도 여호와 라파-치료하시는 하나님을 더 깊이 알아 갈 수 있도록

우리의 기도를 이끌어 주신 하나님께 감사와 찬양과 영광을 올려드리며

예수님의 이름으로 기도드립니다. 아멘.

## chapter 6

# 여호와 닛시: 승리하게 하시는 하나님

**찬양**(8분)

이제 여호와 닛시– 승리하게 하시는 하나님을 선포하고 찬양하겠습니다

| 함께 해요 | 전쟁은 주님에게 속한 것입니다. 성령을 거스르는 육체에 대적하는 것도 전쟁입니다. 우리가 예수님을 온전히 의지한다면 전쟁에서의 승리할 수 있습니다.

- 출애굽기 17:15-16 모세가 제단을 쌓고 그 이름을 여호와 닛시라 하고 이르되 여호와께서 맹세하시기를 여호와가 아말렉과 더불어 대대로 싸우리라 하셨다 하였더라

- 시편 20:5-6 우리가 너의 승리로 말미암아 개가를 부르며 우리 하나님의 이름으로 우리의 깃발을 세우리니 여호와께서 네 모든 기도를 이루어 주시기를 원하노라 여호와께서 자기에게 기름 부음 받은 자를 구원하시는 줄 이제 내가 아노니 그의 오른손의 구원하는 힘으로 그의 거룩한 하늘에서 그에게 응답하시리로다

- 고린도전서 15:57-58 우리 주 예수 그리스도로 말미암아 우리에게 승리를 주시는 하나님께 감사하노니 그러므로 내 사랑하는 형제들아 견실하며 흔들리지 말고 항상 주의 일에 더욱 힘쓰는 자들이 되라 이는 너희 수고가 주 안에서 헛되지 않은 줄 앎이라

## 고백(2-3분)

내가 죄를 품고 있으면 하나님은 나의 기도를 듣지 않으세요. 이 시간은 조용히 나의 죄를 고백하는 기도를 하겠습니다

만일 내가 죄를 고백하면 하나님께서는 신실하시고 의로우심으로 내 죄를 용서하시고 깨끗하게 하신다고 말씀하셨습니다. 이 말씀대로 나의 죄가 예수님의 보혈로 깨끗하게 씻겼음을 믿습니다. 성령님 이제 나를 온전히 다스리시고 성령으로 충만하게 해주세요. 또한 구하는 자에게 성령 충만을 주신다는 것을 믿고 감사드립니다.

## 감사(5분)

이 시간은 하나님이 기도 응답을 해주신 것에 대하여 감사기도 드리겠습니다

나 _____를 위한 감사          친구 _____를 위한 감사

 **중보**(10분)
이 시간은 다른 사람들(가족, 친구, 선생님, 교회, 학교, 나라)을 위해 기도하겠습니다

## 1. 성구기도

성구기도는 성경 말씀으로 하는 기도입니다. 성경 말씀에 이름을 넣어 기도해 봅시다. 먼저 나의 이름을 넣어 선포한 다음, 친구의 이름을 넣어 선포하겠습니다.

"우리가 _____의 승리로 말미암아 개가를 부르며 우리 하나님의 이름으로 _____의 깃발을 세우리니 여호와께서 네 모든 기도를 이루어 주시기를 원하노라"(시편 20:5)

## 2. 구체적인 기도

| 나 _____를 위한<br>구체적인 기도 제목 | 친구 _____를 위한<br>구체적인 기도 제목 |
|---|---|
| | |
| | |
| | |

## 3. 학교 선생님을 위한 성구기도

### 예수님을 믿지 않는 학교 선생님을 위한 기도

_____선생님의 눈을 열어 주셔서 어두움에서 빛으로, 사탄의 권세에서 하나님께로 돌아오게 하시고, 죄사함과 예수를 믿어 거룩하게 된 무리 가운데서 기업을 얻게 하옵소서. (사도행전 26:18)

### 예수님을 믿는 학교 선생님을 위한 기도

우리 주 예수 그리스도의 하나님, 영광의 아버지께서 지혜와 계시의 영을 _____선생님에게 주셔서 하나님을 더 깊이 알게 하시고 _____선생님의 마음의 눈을 밝히셔서 교사로 부르심의 소망이 무엇인지 알게 하여 주시옵소서. (에베소서 1:17-18)

| 가정을 위한 중보기도 | 학교를 위한 중보기도 | 교회(교회학교와 부서)와<br>나라를 위한 중보기도 |
| --- | --- | --- |
| | | |

## 마무리

오늘도 여호와 닛시-승리하게 하시는 하나님을 더 깊이 알아 갈 수 있도록
우리의 기도를 이끌어 주신 하나님께 감사와 찬양과 영광을 올려드리며
예수님의 이름으로 기도드립니다. 아멘.

## chapter 7

# 거룩하신
# 하나님

 **찬양**(8분)

이제 거룩하신 하나님을 선포하고 찬양하겠습니다

| 함께 해요 | 하나님은 완전하신 분이시며, 예배 받으시기에 합당하신 분이십니다.

- 이사야 57:15 지극히 존귀하며 영원히 거하시며 거룩하다 이름하는 이가 이와 같이 말씀하시되 내가 높고 거룩한 곳에 있으며 또한 통회하고 마음이 겸손한 자와 함께 있나니 이는 겸손한 자의 영을 소생시키며 통회하는 자의 마음을 소생시키려 함이라

- 베드로전서 1:15-16 오직 너희를 부르신 거룩한 이처럼 너희도 모든 행실에 거룩한 자가 되라 기록되었으되 내가 거룩하니 너희도 거룩할지어다 하셨느니라

- 요한계시록 15:4 주여 누가 주의 이름을 두려워하지 아니하며 영화롭게 하지 아니하오리이까 오직 주만 거룩하시니이다 주의 의로우신 일이 나타났으매 만국이 와서 주께 경배하리이다 하더라

**고백**(2-3분)

내가 죄를 품고 있으면 하나님은 나의 기도를 듣지 않으세요. 이 시간은 조용히 나의
죄를 고백하는 기도를 하겠습니다

만일 내가 죄를 고백하면 하나님께서는 신실하시고 의로우심으로 내 죄를 용서하
시고 깨끗하게 하신다고 말씀하셨습니다. 이 말씀대로 나의 죄가 예수님의 보혈로
깨끗하게 씻겼음을 믿습니다. 성령님 이제 나를 온전히 다스리시고 성령으로 충만
하게 해주세요. 또한 구하는 자에게 성령 충만을 주신다는 것을 믿고 감사드립니다.

**감사**(5분)

이 시간은 하나님이 기도 응답을 해주신 것에 대하여 감사기도 드리겠습니다

나 _____를 위한 감사                친구 _____를 위한 감사

**중보**(10분)

이 시간은 다른 사람들(가족, 친구, 선생님, 교회, 학교, 나라)을 위해 기도하겠습니다

## 1. 성구기도

성구기도는 성경 말씀으로 하는 기도입니다. 성경 말씀에 이름을 넣어 기도해 봅시다. 먼저 나의 이름을 넣어 선포한 다음, 친구의 이름을 넣어 선포하겠습니다.

"오직 _____을(를) 부르신 거룩한 이처럼 _____도 모든 행실에 거룩한 자가 되라"(베드로전서 1:15)

## 2. 구체적인 기도

| 나 _____를 위한<br>구체적인 기도 제목 | 친구 _____를 위한<br>구체적인 기도 제목 |
|---|---|
|  |  |
|  |  |
|  |  |

### 3. 학교 선생님을 위한 성구기도

**예수님을 믿지 않는 학교 선생님을 위한 기도**

_____선생님의 눈을 열어 주셔서 어두움에서 빛으로, 사탄의 권세에서 하나님께로 돌아오게 하시고, 죄사함과 예수를 믿어 거룩하게 된 무리 가운데서 기업을 얻게 하옵소서. (사도행전 26:18)

**예수님을 믿는 학교 선생님을 위한 기도**

평강의 하나님이 모든 선한 일에 _____선생님을 온전케 하사 주님의 뜻을 행하게 하시고 그 앞에 즐거운 것을 예수 그리스도로 말미암아 우리 자녀들 속에 이루는 축복의 통로가 되게 하옵소서. (히브리서 13:21)

| 가정을 위한 중보기도 | 학교를 위한 중보기도 | 교회(교회학교와 부서)와 나라를 위한 중보기도 |
| --- | --- | --- |
|  |  |  |

## 마무리

오늘도 거룩하신 하나님을 더 깊이 알아 갈 수 있도록
우리의 기도를 이끌어 주신 하나님께 감사와 찬양과 영광을 올려드리며
예수님의 이름으로 기도드립니다. 아멘.

# chapter 8

# 지혜로우신 하나님

### 찬양(8분)

이제 지혜로우신 하나님을 선포하고 찬양하겠습니다

| 함께 해요 | 하나님의 지혜는 지식을 넘어 행동하는 데까지 이릅니다.

• 잠언 3:18-20 지혜는 그 얻은 자에게 생명 나무라 지혜를 가진 자는 복되도다 여호와께서는 지혜로 땅에 터를 놓으셨으며 명철로 하늘을 견고히 세우셨고 그의 지식으로 깊은 바다를 갈라지게 하셨으며 공중에서 이슬이 내리게 하셨느니라

• 다니엘 2:20-21 다니엘이 말하여 이르되 영원부터 영원까지 하나님의 이름을 찬송할 것은 지혜와 능력이 그에게 있음이로다 그는 때와 계절을 바꾸시며 왕들을 폐하시고 왕들을 세우시며 지혜자에게 지혜를 주시고 총명한 자에게 지식을 주시는도다

**고백**(2-3분)

내가 죄를 품고 있으면 하나님은 나의 기도를 듣지 않으세요. 이 시간은 조용히 나의 죄를 고백하는 기도를 하겠습니다

만일 내가 죄를 고백하면 하나님께서는 신실하시고 의로우심으로 내 죄를 용서하시고 깨끗하게 하신다고 말씀하셨습니다. 이 말씀대로 나의 죄가 예수님의 보혈로 깨끗하게 씻겼음을 믿습니다. 성령님 이제 나를 온전히 다스리시고 성령으로 충만하게 해주세요. 또한 구하는 자에게 성령 충만을 주신다는 것을 믿고 감사드립니다.

**감사**(5분)

이 시간은 하나님이 기도 응답을 해주신 것에 대하여 감사기도 드리겠습니다

나 _____를 위한 감사      친구 _____를 위한 감사

## 중보(10분)

이 시간은 다른 사람들(가족, 친구, 선생님, 교회, 학교, 나라)을 위해 기도하겠습니다

### 1. 성구기도

성구기도는 성경 말씀으로 하는 기도입니다. 성경 말씀에 이름을 넣어 기도해 봅시다. 먼저 나의 이름을 넣어 선포한 다음, 친구의 이름을 넣어 선포하겠습니다.

"나의 조상들의 하나님이여 주께서 이제 _____에게 지혜와 능력을 주시고 우리가 주께 구한 것을 _____에게 알게 하셨사오니 내가 주께 감사하고 주를 찬양하나이다 곧 주께서 왕의 그 일을 _____에게 보이셨나이다 하니라"(다니엘 2:23)

### 2. 구체적인 기도

<table>
<tr><td align="center">나 _____를 위한<br>구체적인 기도 제목</td><td align="center">친구 _____를 위한<br>구체적인 기도 제목</td></tr>
<tr><td></td><td></td></tr>
<tr><td></td><td></td></tr>
<tr><td></td><td></td></tr>
</table>

3. 학교 선생님을 위한 성구기도

**예수님을 믿지 않는 학교 선생님을 위한 기도**

_____ 선생님의 눈을 열어 주셔서 어두움에서 빛으로, 사탄의 권세에서 하나님께로 돌아오게 하시고, 죄사함과 예수를 믿어 거룩하게 된 무리 가운데서 기업을 얻게 하옵소서. (사도행전 26:18)

**예수님을 믿는 학교 선생님을 위한 기도**

평강의 하나님이 모든 선한 일에 _____ 선생님을 온전케 하사 주님의 뜻을 행하게 하시고 그 앞에 즐거운 것을 예수 그리스도로 말미암아 우리 자녀들 속에 이루는 축복의 통로가 되게 하옵소서. (히브리서 13:21)

| 가정을 위한 중보기도 | 학교를 위한 중보기도 | 교회(교회학교와 부서)와 나라를 위한 중보기도 |
| --- | --- | --- |
| | | |

**마무리**

오늘도 지혜로우신 하나님을 더 깊이 알아 갈 수 있도록
우리의 기도를 이끌어 주신 하나님께 감사와 찬양과 영광을 올려드리며
예수님의 이름으로 기도드립니다. 아멘.

chapter **9**

# 인내하시는
# 하나님

 **찬양**(8분)

이제 인내하시는 하나님을 선포하고 찬양하겠습니다

| 함께 해요 | 하나님의 오래 참는 사랑으로 우리를 하나님께로 돌아오게 하십니다. 이 것이 받을 자격이 없는 우리에게 주시는 하나님의 은혜입니다.

* **시편 86:15** 그러나 주여 주는 긍휼히 여기시며 은혜를 베푸시며 노하기를 더디 하시며 인자와 진실이 풍성하신 하나님이시오니

* **히브리서 12:2** 믿음의 주요 또 온전하게 하시는 이인 예수를 바라보자 그는 그 앞에 있는 기쁨을 위하여 십자가를 참으사 부끄러움을 개의치 아니하시더니 하나님 보좌 우편에 앉으셨느니라

* **베드로후서 3:9** 주의 약속은 어떤 이들이 더디다고 생각하는 것 같이 더딘 것이 아니라 오직 주께서는 너희를 대하여 오래 참으사 아무도 멸망하지 아니하고 다 회개하기에 이르기를 원하시느니라

## 고백(2-3분)

내가 죄를 품고 있으면 하나님은 나의 기도를 듣지 않으세요. 이 시간은 조용히 나의 죄를 고백하는 기도를 하겠습니다

만일 내가 죄를 고백하면 하나님께서는 신실하시고 의로우심으로 내 죄를 용서하시고 깨끗하게 하신다고 말씀하셨습니다. 이 말씀대로 나의 죄가 예수님의 보혈로 깨끗하게 씻겼음을 믿습니다. 성령님 이제 나를 온전히 다스리시고 성령으로 충만하게 해주세요. 또한 구하는 자에게 성령 충만을 주신다는 것을 믿고 감사드립니다.

## 감사(5분)

이 시간은 하나님이 기도 응답을 해주신 것에 대하여 감사기도 드리겠습니다

나 _____를 위한 감사               친구 _____를 위한 감사

**중보**(10분)

이 시간은 다른 사람들(가족, 친구, 선생님, 교회, 학교, 나라)을 위해 기도하겠습니다

1. 성구기도

성구기도는 성경 말씀으로 하는 기도입니다. 성경 말씀에 이름을 넣어 기도해 봅시다. 먼저 나의 이름을 넣어 선포한 다음, 친구의 이름을 넣어 선포하겠습니다.

"그러나 주여 주는 _____을(를) 긍휼히 여기시며 은혜를 베푸시며 노하기를 더디하시며 인자와 진실이 풍성하신 하나님이시오니"(시편 86:15)

2. 구체적인 기도

| 나 _____를 위한<br>구체적인 기도 제목 | 친구 _____를 위한<br>구체적인 기도 제목 |
| --- | --- |
|  |  |
|  |  |
|  |  |

### 3. 학교 선생님을 위한 성구기도

**예수님을 믿지 않는 학교 선생님을 위한 기도**

_____선생님의 눈을 열어 주셔서 어두움에서 빛으로, 사탄의 권세에서 하나님께로 돌아오게 하시고, 죄사함과 예수를 믿어 거룩하게 된 무리 가운데서 기업을 얻게 하옵소서. (사도행전 26:18)

**예수님을 믿는 학교 선생님을 위한 기도**

우리 주 예수 그리스도의 하나님, 영광의 아버지께서 지혜와 계시의 영을 _____선생님에게 주셔서 하나님을 더 깊이 알게 하시고 _____선생님의 마음의 눈을 밝히셔서 교사로 부르심의 소망이 무엇인지 알게 하여 주시옵소서. (에베소서 1:17-18)

| 가정을 위한 중보기도 | 학교를 위한 중보기도 | 교회(교회학교와 부서)와 나라를 위한 중보기도 |
| --- | --- | --- |
|  |  |  |

## 마무리

오늘도 인내하시는 하나님을 더 깊이 알아 갈 수 있도록
우리의 기도를 이끌어 주신 하나님께 감사와 찬양과 영광을 올려드리며
예수님의 이름으로 기도드립니다. 아멘.

## chapter 10
# 신뢰할 분이신 하나님

**찬양**(8분)

이제 신뢰할 분이신 하나님을 선포하고 찬양하겠습니다

| 함께 해요 | 하나님을 신뢰한다는 것은 하나님에 대한 믿음을 뜻합니다. 우리는 하나님의 말씀을 읽음으로써 하나님을 더욱 신뢰하도록 하는 지식과 이해를 갖게 됩니다.

• 시편 37:3-6 여호와를 의뢰하고 선을 행하라 땅에 머무는 동안 그의 성실을 먹을 거리로 삼을지어다 또 여호와를 기뻐하라 그가 네 마음의 소원을 네게 이루어 주시리로다 네 길을 여호와께 맡기라 그를 의지하면 그가 이루시고 네 의를 빛 같이 나타내시며 네 공의를 정오의 빛 같이 하시리로다

• 잠언 16:20 삼가 말씀에 주의하는 자는 좋은 것을 얻나니 여호와를 의지하는 자는 복이 있느니라

## 고백(2-3분)

내가 죄를 품고 있으면 하나님은 나의 기도를 듣지 않으세요. 이 시간은 조용히 나의 죄를 고백하는 기도를 하겠습니다

만일 내가 죄를 고백하면 하나님께서는 신실하시고 의로우심으로 내 죄를 용서하시고 깨끗하게 하신다고 말씀하셨습니다. 이 말씀대로 나의 죄가 예수님의 보혈로 깨끗하게 씻겼음을 믿습니다. 성령님 이제 나를 온전히 다스리시고 성령으로 충만하게 해주세요. 또한 구하는 자에게 성령 충만을 주신다는 것을 믿고 감사드립니다.

## 감사(5분)

이 시간은 하나님이 기도 응답을 해주신 것에 대하여 감사기도 드리겠습니다

나 _____를 위한 감사                  친구 _____를 위한 감사

**중보**(10분)

이 시간은 다른 사람들(가족, 친구, 선생님, 교회, 학교, 나라)을 위해 기도하겠습니다

### 1. 성구기도

성구기도는 성경 말씀으로 하는 기도입니다. 성경 말씀에 이름을 넣어 기도해 봅시다. 먼저 나의 이름을 넣어 선포한 다음, 친구의 이름을 넣어 선포하겠습니다.

"아침에 _____로 하여금 주의 인자한 말씀을 듣게 하소서 내가 주를 의뢰함이니이다 _____이(가) 다닐 길을 알게 하소서 내가 내 영혼을 주께 드림이니이다"(시편 143:8)

### 2. 구체적인 기도

| 나 _____를 위한<br>구체적인 기도 제목 | 친구 _____를 위한<br>구체적인 기도 제목 |
|---|---|
| | |
| | |
| | |

## 3. 학교 선생님을 위한 성구기도

**예수님을 믿지 않는 학교 선생님을 위한 기도**

_____선생님의 눈을 열어 주셔서 어두움에서 빛으로, 사탄의 권세에서 하나님께로 돌아오게 하시고, 죄사함과 예수를 믿어 거룩하게 된 무리 가운데서 기업을 얻게 하옵소서. (사도행전 26:18)

**예수님을 믿는 학교 선생님을 위한 기도**

평강의 하나님이 모든 선한 일에 _____선생님을 온전케 하사 주님의 뜻을 행하게 하시고 그 앞에 즐거운 것을 예수 그리스도로 말미암아 우리 자녀들 속에 이루는 축복의 통로가 되게 하옵소서. (히브리서 13:21)

| 가정을 위한 중보기도 | 학교를 위한 중보기도 | 교회(교회학교와 부서)와<br>나라를 위한 중보기도 |
| --- | --- | --- |
| | | |

## 마무리

오늘도 신뢰할 분이신 하나님을 더 깊이 알아 갈 수 있도록
우리의 기도를 이끌어 주신 하나님께 감사와 찬양과 영광을 올려드리며
예수님의 이름으로 기도드립니다. 아멘.

# chapter 11

# 공의로우신 하나님

## 찬양(8분)

이제 공의로우신 하나님을 선포하고 찬양하겠습니다

| 함께 해요 | 하나님은 정직한 자의 마음을 아시고 도와주십니다. 의롭게 하는 것이 힘들수록 불의가 없는 공의로우신 하나님을 바라봅시다.

- 시편 119:137-138 여호와여 주는 의로우시고 주의 판단은 옳으니이다 주께서 명령하신 증거들은 의롭고 지극히 성실하니이다

- 시편 145:17 여호와께서는 그 모든 행위에 의로우시며 그 모든 일에 은혜로우시도다

- 이사야 30:18 그러나 여호와께서 기다리시나니 이는 너희에게 은혜를 베풀려 하심이요 일어나시리니 이는 너희를 긍휼히 여기려 하심이라 대저 여호와는 정의의 하나님이심이라 그를 기다리는 자마다 복이 있도다

**고백**(2-3분)

내가 죄를 품고 있으면 하나님은 나의 기도를 듣지 않으세요. 이 시간은 조용히 나의
죄를 고백하는 기도를 하겠습니다

만일 내가 죄를 고백하면 하나님께서는 신실하시고 의로우심으로 내 죄를 용서하
시고 깨끗하게 하신다고 말씀하셨습니다. 이 말씀대로 나의 죄가 예수님의 보혈로
깨끗하게 씻겼음을 믿습니다. 성령님 이제 나를 온전히 다스리시고 성령으로 충만
하게 해주세요. 또한 구하는 자에게 성령 충만을 주신다는 것을 믿고 감사드립니다.

**감사**(5분)

이 시간은 하나님이 기도 응답을 해주신 것에 대하여 감사기도 드리겠습니다

나 _____를 위한 감사                   친구 _____를 위한 감사

**중보**(10분)

이 시간은 다른 사람들(가족, 친구, 선생님, 교회, 학교, 나라)을 위해 기도하겠습니다

## 1. 성구기도

성구기도는 성경 말씀으로 하는 기도입니다. 성경 말씀에 이름을 넣어 기도해 봅시다. 먼저 나의 이름을 넣어 선포한 다음, 친구의 이름을 넣어 선포하겠습니다.

"그러나 여호와께서 기다리시나니 이는 _____에게 은혜를 베풀려 하심이요 일어나시리니 이는 _____를 긍휼히 여기려 하심이라 대저 여호와는 정의의 하나님이심이라 그를 기다리는 자마다 복이 있도다"(이사야 30:18)

## 2. 구체적인 기도

|  나 _____를 위한<br>구체적인 기도 제목 | 친구 _____를 위한<br>구체적인 기도 제목 |
|---|---|
|  |  |
|  |  |
|  |  |

## 3. 학교 선생님을 위한 성구기도

**예수님을 믿지 않는 학교 선생님을 위한 기도**

_____선생님의 눈을 열어 주셔서 어두움에서 빛으로, 사탄의 권세에서 하나님께로 돌아오게 하시고, 죄사함과 예수를 믿어 거룩하게 된 무리 가운데서 기업을 얻게 하옵소서. (사도행전 26:18)

**예수님을 믿는 학교 선생님을 위한 기도**

우리 주 예수 그리스도의 하나님, 영광의 아버지께서 지혜와 계시의 영을 _____선생님에게 주셔서 하나님을 더 깊이 알게 하시고 _____선생님의 마음의 눈을 밝히셔서 교사로 부르심의 소망이 무엇인지 알게 하여 주시옵소서. (에베소서 1:17-18)

| 가정을 위한 중보기도 | 학교를 위한 중보기도 | 교회(교회학교와 부서)와 나라를 위한 중보기도 |
| --- | --- | --- |
|  |  |  |

## 마무리

오늘도 공의로우신 하나님을 더 깊이 알아 갈 수 있도록
우리의 기도를 이끌어 주신 하나님께 감사와 찬양과 영광을 올려드리며
예수님의 이름으로 기도드립니다. 아멘.

# chapter 12

# 불변자 하나님

**찬양**(8분)

이제 불변자 하나님을 선포하고 찬양하겠습니다

| 함께 해요 | 우리 하나님은 어제나 오늘이나 앞으로 영원토록 동일하신 분이십니다. 세상의 풀은 마르고 꽃은 시들지라도 영원히 변함없는 하나님의 말씀을 의지하면 어떤 어려움이 와도 결코 넘어지지 않는 인생을 살 것입니다.

• 이사야 40:8 풀은 마르고 꽃은 시드나 우리 하나님의 말씀은 영원히 서리라

• 히브리서 13:8 예수 그리스도는 어제나 오늘이나 영원토록 동일하시니라

• 야고보서 1:17 온갖 좋은 은사와 온전한 선물이 다 위로부터 빛들의 아버지께로부터 내려오나니 그는 변함도 없으시고 회전하는 그림자도 없으시니라

## 고백(2-3분)

내가 죄를 품고 있으면 하나님은 나의 기도를 듣지 않으세요. 이 시간은 조용히 나의 죄를 고백하는 기도를 하겠습니다

만일 내가 죄를 고백하면 하나님께서는 신실하시고 의로우심으로 내 죄를 용서하시고 깨끗하게 하신다고 말씀하셨습니다. 이 말씀대로 나의 죄가 예수님의 보혈로 깨끗하게 씻겼음을 믿습니다. 성령님 이제 나를 온전히 다스리시고 성령으로 충만하게 해주세요. 또한 구하는 자에게 성령 충만을 주신다는 것을 믿고 감사드립니다.

## 감사(5분)

이 시간은 하나님이 기도 응답을 해주신 것에 대하여 감사기도 드리겠습니다

나 _____를 위한 감사 　　　　　친구 _____를 위한 감사

**중보**(10분)

이 시간은 다른 사람들(가족, 친구, 선생님, 교회, 학교, 나라)을 위해 기도하겠습니다

## 1. 성구기도

성구기도는 성경 말씀으로 하는 기도입니다. 성경 말씀에 이름을 넣어 기도해 봅시다. 먼저 나의 이름을 넣어 선포한 다음, 친구의 이름을 넣어 선포하겠습니다.

"온갖 좋은 은사와 온전한 선물이 다 위로부터 빛들의 아버지께로부터 _____에게 내려오나니 그는 변함도 없으시고 회전하는 그림자도 없으시니라"(야고보서 1:17)

## 2. 구체적인 기도

| 나 _____를 위한 구체적인 기도 제목 | 친구 _____를 위한 구체적인 기도 제목 |
|---|---|
| | |
| | |
| | |

3. 학교 선생님을 위한 성구기도

### 예수님을 믿지 않는 학교 선생님을 위한 기도

_____선생님의 눈을 열어 주셔서 어두움에서 빛으로, 사탄의 권세에서 하나님께로 돌아오게 하시고, 죄사함과 예수를 믿어 거룩하게 된 무리 가운데서 기업을 얻게 하옵소서. (사도행전 26:18)

### 예수님을 믿는 학교 선생님을 위한 기도

우리 주 예수 그리스도의 하나님, 영광의 아버지께서 지혜와 계시의 영을 _____선생님에게 주셔서 하나님을 더 깊이 알게 하시고 _____선생님의 마음의 눈을 밝히셔서 교사로 부르심의 소망이 무엇인지 알게 하여 주시옵소서. (에베소서 1:17-18)

| 가정을 위한 중보기도 | 학교를 위한 중보기도 | 교회(교회학교와 부서)와 나라를 위한 중보기도 |
| --- | --- | --- |
| | | |

## 마무리

오늘도 불변자 하나님을 더 깊이 알아 갈 수 있도록

우리의 기도를 이끌어 주신 하나님께 감사와 찬양과 영광을 올려드리며

예수님의 이름으로 기도드립니다. 아멘.

## chapter 13

# 엘 엘리온: 지극히 높으신 하나님

### 찬양(8분)

이제 엘 엘리온-지극히 높으신 하나님을 선포하고 찬양하겠습니다

| 함께 해요 | 하나님은 온 우주의 통치자이십니다. 우주 가운데 그 어떤 일도 하나님의 허락없이는 일어날 수 없습니다. 어떤 어려움 가운데 있더라도 엘 엘리온의 하나님을 기억한다면 감사하고 기뻐할 수 있을 것입니다.

• 창세기 14:19-20 그가 아브람에게 축복하여 이르되 천지의 주재이시요 지극히 높으신 하나님이여 아브람에게 복을 주옵소서 너희 대적을 네 손에 붙이신 지극히 높으신 하나님을 찬송할지로다 하매 아브람이 그 얻은 것에서 십분의 일을 멜기세덱에게 주었더라

• 시편 7:17 내가 여호와께 그의 의를 따라 감사함이여 지존하신 여호와의 이름을 찬양하리로다

**고백**(2-3분)

내가 죄를 품고 있으면 하나님은 나의 기도를 듣지 않으세요. 이 시간은 조용히 나의 죄를 고백하는 기도를 하겠습니다

만일 내가 죄를 고백하면 하나님께서는 신실하시고 의로우심으로 내 죄를 용서하시고 깨끗하게 하신다고 말씀하셨습니다. 이 말씀대로 나의 죄가 예수님의 보혈로 깨끗하게 씻겼음을 믿습니다. 성령님 이제 나를 온전히 다스리시고 성령으로 충만하게 해주세요. 또한 구하는 자에게 성령 충만을 주신다는 것을 믿고 감사드립니다.

**감사**(5분)

이 시간은 하나님이 기도 응답을 해주신 것에 대하여 감사기도 드리겠습니다

나 _____를 위한 감사          친구 _____를 위한 감사

## 중보(10분)

이 시간은 다른 사람들(가족, 친구, 선생님, 교회, 학교, 나라)을 위해 기도하겠습니다

### 1. 성구기도

성구기도는 성경 말씀으로 하는 기도입니다. 성경 말씀에 이름을 넣어 기도해 봅시다. 먼저 나의 이름을 넣어 선포한 다음, 친구의 이름을 넣어 선포하겠습니다.

"＿＿＿＿＿＿가 여호와께 그의 의를 따라 감사함이여 지존하신 여호와의 이름을 찬양하리로다"(시편 7:17)

### 2. 구체적인 기도

| 나 ＿＿＿＿를 위한 구체적인 기도 제목 | 친구 ＿＿＿＿를 위한 구체적인 기도 제목 |
|---|---|
| | |
| | |
| | |

### 3. 학교 선생님을 위한 성구기도

**예수님을 믿지 않는 학교 선생님을 위한 기도**

_____선생님의 눈을 열어 주셔서 어두움에서 빛으로, 사탄의 권세에서 하나님께로 돌아오게 하시고, 죄사함과 예수를 믿어 거룩하게 된 무리 가운데서 기업을 얻게 하옵소서. (사도행전 26:18)

**예수님을 믿는 학교 선생님을 위한 기도**

평강의 하나님이 모든 선한 일에 _____선생님을 온전케 하사 주님의 뜻을 행하게 하시고 그 앞에 즐거운 것을 예수 그리스도로 말미암아 우리 자녀들 속에 이루는 축복의 통로가 되게 하옵소서. (히브리서 13:21)

| 가정을 위한 중보기도 | 학교를 위한 중보기도 | 교회(교회학교와 부서)와 나라를 위한 중보기도 |
| --- | --- | --- |
|  |  |  |

## 마무리

오늘도 엘 엘리온-지극히 높으신 하나님을 더 깊이 알아 갈 수 있도록
우리의 기도를 이끌어 주신 하나님께 감사와 찬양과 영광을 올려드리며
예수님의 이름으로 기도드립니다. 아멘.

# chapter 14

# 엘:
# 능력과 힘의 하나님

### 찬양(8분)

이제 엘– 능력과 힘의 하나님을 선포하고 찬양하겠습니다

| 함께 해요 | 엘(El)은 '신'을 뜻하는 말이며, 가장 오래되고 널리 알려진 하나님의 이름 중 하나로 '힘' 또는 '능력'을 뜻합니다.

• 역대하 20:6 우리 조상들의 하나님 여호와여 주는 하늘에서 하나님이 아니시니 이까 이방 사람들의 모든 나라를 다스리지 아니하시나이까 주의 손에 권세와 능력이 있사오니 능히 주와 맞설 사람이 없나이다

• 시편 18:2 여호와는 나의 반석이시요 나의 요새시요 나를 건지시는 이시요 나의 하나님이시요 내가 그 안에 피할 나의 바위시요 나의 방패시요 나의 구원의 뿔이시요 나의 산성이시로다

## 고백(2-3분)

내가 죄를 품고 있으면 하나님은 나의 기도를 듣지 않으세요. 이 시간은 조용히 나의 죄를 고백하는 기도를 하겠습니다

만일 내가 죄를 고백하면 하나님께서는 신실하시고 의로우심으로 내 죄를 용서하시고 깨끗하게 하신다고 말씀하셨습니다. 이 말씀대로 나의 죄가 예수님의 보혈로 깨끗하게 씻겼음을 믿습니다. 성령님 이제 나를 온전히 다스리시고 성령으로 충만하게 해주세요. 또한 구하는 자에게 성령 충만을 주신다는 것을 믿고 감사드립니다.

## 감사(5분)

이 시간은 하나님이 기도 응답을 해주신 것에 대하여 감사기도 드리겠습니다

나 _____를 위한 감사                친구 _____를 위한 감사

**중보**(10분)

이 시간은 다른 사람들(가족, 친구, 선생님, 교회, 학교, 나라)을 위해 기도하겠습니다

## 1. 성구기도

성구기도는 성경 말씀으로 하는 기도입니다. 성경 말씀에 이름을 넣어 기도해 봅시다. 먼저 나의 이름을 넣어 선포한 다음, 친구의 이름을 넣어 선포하겠습니다.

"나 여호와가 말하노라 _____는 나의 증인, 나의 종으로 택함을 입었나니 이는 _____가 나를 알고 믿으며 내가 그인 줄 깨닫게 하려 함이라 나의 전에 지음을 받은 신이 없었느니라 나의 후에도 없으리라"(이사야 43:10)

## 2. 구체적인 기도

| 나 _____를 위한<br>구체적인 기도 제목 | 친구 _____를 위한<br>구체적인 기도 제목 |
| --- | --- |
|  |  |
|  |  |
|  |  |

## 3. 학교 선생님을 위한 성구기도

**예수님을 믿지 않는 학교 선생님을 위한 기도**

_____선생님의 눈을 열어 주셔서 어두움에서 빛으로, 사탄의 권세에서 하나님께로 돌아오게 하시고, 죄사함과 예수를 믿어 거룩하게 된 무리 가운데서 기업을 얻게 하옵소서. (사도행전 26:18)

**예수님을 믿는 학교 선생님을 위한 기도**

우리 주 예수 그리스도의 하나님, 영광의 아버지께서 지혜와 계시의 영을 _____선생님에게 주셔서 하나님을 더 깊이 알게 하시고 _____선생님의 마음의 눈을 밝히셔서 교사로 부르심의 소망이 무엇인지 알게 하여 주시옵소서. (에베소서 1:17-18)

| 가정을 위한 중보기도 | 학교를 위한 중보기도 | 교회(교회학교와 부서)와<br>나라를 위한 중보기도 |
|---|---|---|
| | | |

## 마무리

오늘도 엘–능력과 힘의 하나님을 더 깊이 알아 갈 수 있도록
우리의 기도를 이끌어 주신 하나님께 감사와 찬양과 영광을 올려드리며
예수님의 이름으로 기도드립니다. 아멘.

# chapter 15

# 여호와 샬롬:
# 주님은 우리의 평강

**찬양**(8분)

이제 여호와 샬롬-우리의 평강되시는 하나님을 선포하고 찬양하겠습니다

| 함께 해요 | '여호와 샬롬' 하나님이 우리에게 주시는 평강은 주시기로 약속된 사람 안에 항상 존재함으로 변함이 없습니다.

- 사사기 6:23-24 상반절 여호와께서 그에게 이르시되 너는 안심하라 두려워하지 말라 죽지 아니하리라 하시니라 기드온이 여호와를 위하여 거기서 제단을 쌓고 그것을 여호와 샬롬이라 하였더라

- 요한복음 14:27 평안을 너희에게 끼치노니 곧 나의 평안을 너희에게 주노라 내가 너희에게 주는 것은 세상이 주는 것과 같지 아니하니라 너희는 마음에 근심하지도 말고 두려워하지도 말라

## 고백(2-3분)

내가 죄를 품고 있으면 하나님은 나의 기도를 듣지 않으세요. 이 시간은 조용히 나의 죄를 고백하는 기도를 하겠습니다

만일 내가 죄를 고백하면 하나님께서는 신실하시고 의로우심으로 내 죄를 용서하시고 깨끗하게 하신다고 말씀하셨습니다. 이 말씀대로 나의 죄가 예수님의 보혈로 깨끗하게 씻겼음을 믿습니다. 성령님 이제 나를 온전히 다스리시고 성령으로 충만하게 해주세요. 또한 구하는 자에게 성령 충만을 주신다는 것을 믿고 감사드립니다.

## 감사(5분)

이 시간은 하나님이 기도 응답을 해주신 것에 대하여 감사기도 드리겠습니다

나 _____를 위한 감사          친구 _____를 위한 감사

## 중보(10분)

이 시간은 다른 사람들(가족, 친구, 선생님, 교회, 학교, 나라)을 위해 기도하겠습니다

### 1. 성구기도

성구기도는 성경 말씀으로 하는 기도입니다. 성경 말씀에 이름을 넣어 기도해 봅시
다. 먼저 나의 이름을 넣어 선포한 다음, 친구의 이름을 넣어 선포하겠습니다.

"여호와의 말씀이니라 _____을(를) 향한 나의 생각을 내가 아나니 평안이요
재앙이 아니니라 _____에게 미래와 희망을 주는 것이니라"(예레미야 29:11)

### 2. 구체적인 기도

| 나 _____를 위한<br>구체적인 기도 제목 | 친구 _____를 위한<br>구체적인 기도 제목 |
|---|---|
|  |  |
|  |  |
|  |  |

88

### 3. 학교 선생님을 위한 성구기도

**예수님을 믿지 않는 학교 선생님을 위한 기도**

_____선생님의 눈을 열어 주셔서 어두움에서 빛으로, 사탄의 권세에서 하나님께로 돌아오게 하시고, 죄사함과 예수를 믿어 거룩하게 된 무리 가운데서 기업을 얻게 하옵소서. (사도행전 26:18)

**예수님을 믿는 학교 선생님을 위한 기도**

평강의 하나님이 모든 선한 일에 _____선생님을 온전케 하사 주님의 뜻을 행하게 하시고 그 앞에 즐거운 것을 예수 그리스도로 말미암아 우리 자녀들 속에 이루는 축복의 통로가 되게 하옵소서. (히브리서 13:21)

| 가정을 위한 중보기도 | 학교를 위한 중보기도 | 교회(교회학교와 부서)와 나라를 위한 중보기도 |
|---|---|---|
| | | |

## 마무리

오늘도 여호와 샬롬-우리의 평강 되시는 하나님을 더 깊이 알아 갈 수 있도록

우리의 기도를 이끌어 주신 하나님께 감사와 찬양과 영광을 올려드리며

예수님의 이름으로 기도드립니다. 아멘.

# chapter 16

# 여호와 삼마:
# 거기 계시는 하나님

### 찬양(8분)

이제 여호와 삼마-거기 계시는 하나님을 선포하고 찬양하겠습니다

| 함께 해요 | '여호와 삼마'라는 이름은 하나님의 임재(나타나심, 함께하심)에 대한 약속입니다.

• 신명기 31:6 너희는 강하고 담대하라 두려워하지 말라 그들 앞에서 떨지 말라 이는 네 하나님 여호와 그가 너와 함께 가시며 결코 너를 떠나지 아니하시며 버리지 아니하실 것임이라 하고

• 마태복음 28:20 내가 너희에게 분부한 모든 것을 가르쳐 지키게 하라 볼지어다 내가 세상 끝날까지 너희와 항상 함께 있으리라 하시니라

## 고백(2–3분)

내가 죄를 품고 있으면 하나님은 나의 기도를 듣지 않으세요. 이 시간은 조용히 나의 죄를 고백하는 기도를 하겠습니다

만일 내가 죄를 고백하면 하나님께서는 신실하시고 의로우심으로 내 죄를 용서하시고 깨끗하게 하신다고 말씀하셨습니다. 이 말씀대로 나의 죄가 예수님의 보혈로 깨끗하게 씻겼음을 믿습니다. 성령님 이제 나를 온전히 다스리시고 성령으로 충만하게 해주세요. 또한 구하는 자에게 성령 충만을 주신다는 것을 믿고 감사드립니다.

## 감사(5분)

이 시간은 하나님이 기도 응답을 해주신 것에 대하여 감사기도 드리겠습니다

나 _____를 위한 감사               친구 _____를 위한 감사

**중보**(10분)

이 시간은 다른 사람들(가족, 친구, 선생님, 교회, 학교, 나라)을 위해 기도하겠습니다

## 1. 성구기도

성구기도는 성경 말씀으로 하는 기도입니다. 성경 말씀에 이름을 넣어 기도해 봅시다. 먼저 나의 이름을 넣어 선포한 다음, 친구의 이름을 넣어 선포하겠습니다.

" _____이(가) 하나님의 성전인 것과 하나님의 성령이 _____안에 계시는 것을 알게 하옵소서"(고린도전서 3:16)

## 2. 구체적인 기도

| 나 _____를 위한 구체적인 기도 제목 | 친구 _____를 위한 구체적인 기도 제목 |
| --- | --- |
|  |  |
|  |  |
|  |  |

## 3. 학교 선생님을 위한 성구기도

**예수님을 믿지 않는 학교 선생님을 위한 기도**

_____선생님의 눈을 열어 주셔서 어두움에서 빛으로, 사탄의 권세에서 하나님께로 돌아오게 하시고, 죄사함과 예수를 믿어 거룩하게 된 무리 가운데서 기업을 얻게 하옵소서. (사도행전 26:18)

**예수님을 믿는 학교 선생님을 위한 기도**

평강의 하나님이 모든 선한 일에 _____선생님을 온전케 하사 주님의 뜻을 행하게 하시고 그 앞에 즐거운 것을 예수 그리스도로 말미암아 우리 자녀들 속에 이루는 축복의 통로가 되게 하옵소서. (히브리서 13:21)

| 가정을 위한 중보기도 | 학교를 위한 중보기도 | 교회(교회학교와 부서)와<br>나라를 위한 중보기도 |
| --- | --- | --- |
|  |  |  |

## 마무리

오늘도 여호와 삼마–거기 계시는 하나님을 더 깊이 알아 갈 수 있도록
우리의 기도를 이끌어 주신 하나님께 감사와 찬양과 영광을 올려드리며
예수님의 이름으로 기도드립니다. 아멘.

**chapter 17**

# 여호와 라아: 목자 되시는 하나님

### 찬양(8분)

이제 여호와 라아–목자 되시는 하나님을 선포하고 찬양하겠습니다

| 함께 해요 | 양은 목자와 함께 있으면 모든 문제가 해결됩니다. 주님은 우리의 참 목자시며 우리와 동행하시는 분입니다.

• 시편 23:1 여호와는 나의 목자시니 내게 부족함이 없으리로다

• 이사야 40:11 그는 목자 같이 양 떼를 먹이시며 어린 양을 그 팔로 모아 품에 안으시며 젖먹이는 암컷들을 온순히 인도하시리로다

• 요한복음 10:14-15 나는 선한 목자라 나는 내 양을 알고 양도 나를 아는 것이 아버지께서 나를 아시고 내가 아버지를 아는 것 같으니 나는 양을 위하여 목숨을 버리노라

## 고백(2-3분)

내가 죄를 품고 있으면 하나님은 나의 기도를 듣지 않으세요. 이 시간은 조용히 나의 죄를 고백하는 기도를 하겠습니다

만일 내가 죄를 고백하면 하나님께서는 신실하시고 의로우심으로 내 죄를 용서하시고 깨끗하게 하신다고 말씀하셨습니다. 이 말씀대로 나의 죄가 예수님의 보혈로 깨끗하게 씻겼음을 믿습니다. 성령님 이제 나를 온전히 다스리시고 성령으로 충만하게 해주세요. 또한 구하는 자에게 성령 충만을 주신다는 것을 믿고 감사드립니다.

## 감사(5분)

이 시간은 하나님이 기도 응답을 해주신 것에 대하여 감사기도 드리겠습니다

나 _____를 위한 감사          친구 _____를 위한 감사

**중보**(10분)

이 시간은 다른 사람들(가족, 친구, 선생님, 교회, 학교, 나라)을 위해 기도하겠습니다

## 1. 성구기도

성구기도는 성경 말씀으로 하는 기도입니다. 성경 말씀에 이름을 넣어 기도해 봅시다. 먼저 나의 이름을 넣어 선포한 다음, 친구의 이름을 넣어 선포하겠습니다.

"내 양은 내 음성을 들으며 나는 _____을(를) 알며 _____은
(는) 나를 따르느니라"(요한복음 10:27)

## 2. 구체적인 기도

| 나 _____를 위한<br>구체적인 기도 제목 | 친구 _____를 위한<br>구체적인 기도 제목 |
|---|---|
|  |  |
|  |  |
|  |  |

### 3. 학교 선생님을 위한 성구기도

**예수님을 믿지 않는 학교 선생님을 위한 기도**

_____선생님의 눈을 열어 주셔서 어두움에서 빛으로, 사탄의 권세에서 하나님께로 돌아오게 하시고, 죄사함과 예수를 믿어 거룩하게 된 무리 가운데서 기업을 얻게 하옵소서. (사도행전 26:18)

**예수님을 믿는 학교 선생님을 위한 기도**

평강의 하나님이 모든 선한 일에 _____선생님을 온전케 하사 주님의 뜻을 행하게 하시고 그 앞에 즐거운 것을 예수 그리스도로 말미암아 우리 자녀들 속에 이루는 축복의 통로가 되게 하옵소서. (히브리서 13:21)

| 가정을 위한 중보기도 | 학교를 위한 중보기도 | 교회(교회학교와 부서)와 나라를 위한 중보기도 |
| --- | --- | --- |
| | | |

## 마무리

오늘도 여호와 라아-목자 되시는 하나님을 더 깊이 알아 갈 수 있도록
우리의 기도를 이끌어 주신 하나님께 감사와 찬양과 영광을 올려드리며
예수님의 이름으로 기도드립니다. 아멘.

# chapter 18

# 아도나이:
# 주(주인) 되시는 하나님

**찬양**(8분)

이제 아도나이-주(주인) 되시는 하나님을 선포하고 찬양하겠습니다

| 함께 해요 | 이 이름은 하나님이 나를 전적으로 소유하시는 것과 그분께 내가 전적으로 복종해야 함을 가르쳐 줍니다. 예수님께서는 "어찌하여 너희는 나더러 '주님, 주님!' 하면서도 내가 말하는 것은 행하지 않느냐?" 하시며 순종하지 않는 것을 안타까워하셨습니다.

- 빌립보서 2:9-11 이러므로 하나님이 그를 지극히 높여 모든 이름 위에 뛰어난 이름을 주사 하늘에 있는 자들과 땅에 있는 자들과 땅 아래에 있는 자들로 모든 무릎을 예수의 이름에 꿇게 하시고 모든 입으로 예수 그리스도를 주라 시인하여 하나님 아버지께 영광을 돌리게 하셨느니라

- 시편 16:2 내가 여호와께 아뢰되 주는 나의 주님이시오니 주 밖에는 나의 복이 없다 하였나이다

- 시편 73:25 하늘에서는 주 외에 누가 내게 있으리요 땅에서는 주 밖에 내가 사모할 이 없나이다

## 고백(2-3분)

내가 죄를 품고 있으면 하나님은 나의 기도를 듣지 않으세요. 이 시간은 조용히 나의 죄를 고백하는 기도를 하겠습니다

만일 내가 죄를 고백하면 하나님께서는 신실하시고 의로우심으로 내 죄를 용서하시고 깨끗하게 하신다고 말씀하셨습니다. 이 말씀대로 나의 죄가 예수님의 보혈로 깨끗하게 씻겼음을 믿습니다. 성령님 이제 나를 온전히 다스리시고 성령으로 충만하게 해주세요. 또한 구하는 자에게 성령 충만을 주신다는 것을 믿고 감사드립니다.

## 감사(5분)

이 시간은 하나님이 기도 응답을 해주신 것에 대하여 감사기도 드리겠습니다

나 _____를 위한 감사        친구 _____를 위한 감사

 **중보**(10분)

이 시간은 다른 사람들(가족, 친구, 선생님, 교회, 학교, 나라)을 위해 기도하겠습니다

### 1. 성구기도

성구기도는 성경 말씀으로 하는 기도입니다. 성경 말씀에 이름을 넣어 기도해 봅시다. 먼저 나의 이름을 넣어 선포한 다음, 친구의 이름을 넣어 선포하겠습니다.

"_____이(가) 살아도 주를 위하여 살고 죽어도 주를 위하여 죽나니 그러므로 사나 죽으나 _____이(가) 주의 것이로다"(로마서 14:8)

### 2. 구체적인 기도

| 나 _____를 위한<br>구체적인 기도 제목 | 친구 _____를 위한<br>구체적인 기도 제목 |
| --- | --- |
| | |
| | |
| | |

## 3. 학교 선생님을 위한 성구기도

**예수님을 믿지 않는 학교 선생님을 위한 기도**

_____선생님의 눈을 열어 주셔서 어두움에서 빛으로, 사탄의 권세에서 하나님께로 돌아오게 하시고, 죄사함과 예수를 믿어 거룩하게 된 무리 가운데서 기업을 얻게 하옵소서. (사도행전 26:18)

**예수님을 믿는 학교 선생님을 위한 기도**

평강의 하나님이 모든 선한 일에 _____선생님을 온전케 하사 주님의 뜻을 행하게 하시고 그 앞에 즐거운 것을 예수 그리스도로 말미암아 우리 자녀들 속에 이루는 축복의 통로가 되게 하옵소서. (히브리서 13:2)

| 가정을 위한 중보기도 | 학교를 위한 중보기도 | 교회(교회학교와 부서)와 나라를 위한 중보기도 |
| --- | --- | --- |
|  |  |  |

## 마무리

오늘도 아도나이-주(주인) 되시는 하나님을 더 깊이 알아 갈 수 있도록
우리의 기도를 이끌어 주신 하나님께 감사와 찬양과 영광을 올려드리며
예수님의 이름으로 기도드립니다. 아멘.

# chapter 19

# 도우시는 하나님

## 찬양(8분)

이제 도우시는 하나님을 선포하고 찬양하겠습니다

| 함께 해요 | 우리의 도움이시며 방패가 되시는 하나님은 우리의 필요를 채우시며, 사명을 감당하도록 꼭 필요한 것들을 공급하시는 분이십니다

• 역대하 14:11 아사가 그의 하나님 여호와께 부르짖어 이르되 여호와여 힘이 강한 자와 약한 자 사이에는 주밖에 도와 줄 이가 없사오니 우리 하나님 여호와여 우리를 도우소서 우리가 주를 의지하오며 주의 이름을 의탁하옵고 이 많은 무리를 치러 왔나이다 여호와여 주는 우리 하나님이시오니 원하건대 사람이 주를 이기지 못하게 하옵소서 하였더니

• 시편 115:9 이스라엘아 여호와를 의지하라 그는 너희의 도움이시요 너희의 방패시로다

• 시편 124:8 우리의 도움은 천지를 지으신 여호와의 이름에 있도다

## 고백(2-3분)

내가 죄를 품고 있으면 하나님은 나의 기도를 듣지 않으세요. 이 시간은 조용히 나의 죄를 고백하는 기도를 하겠습니다

만일 내가 죄를 고백하면 하나님께서는 신실하시고 의로우심으로 내 죄를 용서하시고 깨끗하게 하신다고 말씀하셨습니다. 이 말씀대로 나의 죄가 예수님의 보혈로 깨끗하게 씻겼음을 믿습니다. 성령님 이제 나를 온전히 다스리시고 성령으로 충만하게 해주세요. 또한 구하는 자에게 성령 충만을 주신다는 것을 믿고 감사드립니다.

## 감사(5분)

이 시간은 하나님이 기도 응답을 해주신 것에 대하여 감사기도 드리겠습니다

나 _____를 위한 감사        친구 _____를 위한 감사

**중보**(10분)

이 시간은 다른 사람들(가족, 친구, 선생님, 교회, 학교, 나라)을 위해 기도하겠습니다

### 1. 성구기도

성구기도는 성경 말씀으로 하는 기도입니다. 성경 말씀에 이름을 넣어 기도해 봅시다. 먼저 나의 이름을 넣어 선포한 다음, 친구의 이름을 넣어 선포하겠습니다.

"그러므로 _____이(가) 담대히 말하되 주는 _____을(를) 돕는 이시니 내가 무서워하지 아니하겠노라 사람이 내게 어찌하리요 하노라"(히브리서 13:6)

### 2. 구체적인 기도

| 나 _____를 위한 구체적인 기도 제목 | 친구 _____를 위한 구체적인 기도 제목 |
|---|---|
|  |  |
|  |  |
|  |  |

### 3. 학교 선생님을 위한 성구기도

**예수님을 믿지 않는 학교 선생님을 위한 기도**

_____선생님의 눈을 열어 주셔서 어두움에서 빛으로, 사탄의 권세에서 하나님께로 돌아오게 하시고, 죄사함과 예수를 믿어 거룩하게 된 무리 가운데서 기업을 얻게 하옵소서. (사도행전 26:18)

**예수님을 믿는 학교 선생님을 위한 기도**

평강의 하나님이 모든 선한 일에 _____선생님을 온전케 하사 주님의 뜻을 행하게 하시고 그 앞에 즐거운 것을 예수 그리스도로 말미암아 우리 자녀들 속에 이루는 축복의 통로가 되게 하옵소서. (히브리서 13:21)

| 가정을 위한 중보기도 | 학교를 위한 중보기도 | 교회(교회학교와 부서)와 나라를 위한 중보기도 |
| --- | --- | --- |
|  |  |  |

**마무리**

오늘도 도우시는 하나님을 더 깊이 알아 갈 수 있도록

우리의 기도를 이끌어 주신 하나님께 감사와 찬양과 영광을 올려드리며

예수님의 이름으로 기도드립니다. 아멘.

# chapter 20

# 왕이신 하나님

### 찬양(8분)

이제 왕이신 하나님을 선포하고 찬양하겠습니다

| 함께 해요 | 우리는 결코 사라지지 않는 왕국의 왕을 섬기고 있습니다. 우리를 권위로 다스리시고 통치하시는 분은 바로 왕이신 하나님입니다. 따라서 우리의 충성에 대한 맹세는 우리의 왕이신 하나님께만 드려야 합니다. 이제 만물의 주인 되시며, 왕이신 하나님께 무릎을 꿇고 겸손한 마음으로 찬양합시다.

• 시편 24:7-10 문들아 너희 머리를 들지어다 영원한 문들아 들릴지어다 영광의 왕이 들어가시리로다 영광의 왕이 누구시냐 강하고 능한 여호와시요 전쟁에 능한 여호와시로다 문들아 너희 머리를 들지어다 영원한 문들아 들릴지어다 영광의 왕이 들어가시리로다 영광의 왕이 누구시냐 만군의 여호와께서 곧 영광의 왕이시로다(셀라)

• 시편 145:1 왕이신 나의 하나님이여 내가 주를 높이고 영원히 주의 이름을 송축하리이다

• 시편 5:2 나의 왕, 나의 하나님이여 내가 부르짖는 소리를 들으소서 내가 주께 기도하나이다

### 고백(2-3분)

내가 죄를 품고 있으면 하나님은 나의 기도를 듣지 않으세요. 이 시간은 조용히 나의 죄를 고백하는 기도를 하겠습니다

만일 내가 죄를 고백하면 하나님께서는 신실하시고 의로우심으로 내 죄를 용서하시고 깨끗하게 하신다고 말씀하셨습니다. 이 말씀대로 나의 죄가 예수님의 보혈로 깨끗하게 씻겼음을 믿습니다. 성령님 이제 나를 온전히 다스리시고 성령으로 충만하게 해주세요. 또한 구하는 자에게 성령 충만을 주신다는 것을 믿고 감사드립니다.

### 감사(5분)

이 시간은 하나님이 기도 응답을 해주신 것에 대하여 감사기도 드리겠습니다

나 _____를 위한 감사          친구 _____를 위한 감사

**중보**(10분)

이 시간은 다른 사람들(가족, 친구, 선생님, 교회, 학교, 나라)을 위해 기도하겠습니다

### 1. 성구기도

성구기도는 성경 말씀으로 하는 기도입니다. 성경 말씀에 이름을 넣어 기도해 봅시다. 먼저 나의 이름을 넣어 선포한 다음, 친구의 이름을 넣어 선포하겠습니다.

"왕이신 나의 하나님이여 _____이(가) 주를 높이고 영원히 주의 이름을 송축하리이다"(시편 145:1)

### 2. 구체적인 기도

| 나 _____를 위한<br>구체적인 기도 제목 | 친구 _____를 위한<br>구체적인 기도 제목 |
| --- | --- |
|  |  |
|  |  |
|  |  |

### 3. 학교 선생님을 위한 성구기도

**예수님을 믿지 않는 학교 선생님을 위한 기도**

_____선생님의 눈을 열어 주셔서 어두움에서 빛으로, 사탄의 권세에서 하나님께로 돌아오게 하시고, 죄사함과 예수를 믿어 거룩하게 된 무리 가운데서 기업을 얻게 하옵소서. (사도행전 26:18)

**예수님을 믿는 학교 선생님을 위한 기도**

우리 주 예수 그리스도의 하나님, 영광의 아버지께서 지혜와 계시의 영을 _____선생님에게 주셔서 하나님을 더 깊이 알게 하시고 _____선생님의 마음의 눈을 밝히셔서 교사로 부르심의 소망이 무엇인지 알게 하여 주시옵소서. (에베소서 1:17-18)

| 가정을 위한 중보기도 | 학교를 위한 중보기도 | 교회(교회학교와 부서)와 나라를 위한 중보기도 |
| --- | --- | --- |
|  |  |  |

**마무리**

오늘도 왕이신 하나님을 더 깊이 알아 갈 수 있도록
우리의 기도를 이끌어 주신 하나님께 감사와 찬양과 영광을 올려드리며
예수님의 이름으로 기도드립니다. 아멘.

# chapter 21
# 신실하신
# 하나님

## 찬양(8분)

이제 신실하신 하나님을 선포하고 찬양하겠습니다

| 함께 해요 | 하나님은 신실하시고, 참으로 신뢰할 만한 분이십니다.

- 신명기 7:9 그런즉 너는 알라 오직 네 하나님 여호와는 하나님이시요 신실하신 하나님이시라 그를 사랑하고 그의 계명을 지키는 자에게는 천 대까지 그의 언약을 이행하시며 인애를 베푸시되

- 시편 33:4 여호와의 말씀은 정직하며 그가 행하시는 일은 다 진실하시도다

- 요한일서 1:9 만일 우리가 우리 죄를 자백하면 그는 미쁘시고 의로우사 우리 죄를 사하시며 우리를 모든 불의에서 깨끗하게 하실 것이요

**고백**(2~3분)

내가 죄를 품고 있으면 하나님은 나의 기도를 듣지 않으세요. 이 시간은 조용히 나의
죄를 고백하는 기도를 하겠습니다

만일 내가 죄를 고백하면 하나님께서는 신실하시고 의로우심으로 내 죄를 용서하
시고 깨끗하게 하신다고 말씀하셨습니다. 이 말씀대로 나의 죄가 예수님의 보혈로
깨끗하게 씻겼음을 믿습니다. 성령님 이제 나를 온전히 다스리시고 성령으로 충만
하게 해주세요. 또한 구하는 자에게 성령 충만을 주신다는 것을 믿고 감사드립니다.

**감사**(5분)

이 시간은 하나님이 기도 응답을 해주신 것에 대하여 감사기도 드리겠습니다

나 _____ 를 위한 감사         친구 _____ 를 위한 감사

**중보**(10분)
이 시간은 다른 사람들(가족, 친구, 선생님, 교회, 학교, 나라)을 위해 기도하겠습니다

## 1. 성구기도

성구기도는 성경 말씀으로 하는 기도입니다. 성경 말씀에 이름을 넣어 기도해 봅시다. 먼저 나의 이름을 넣어 선포한 다음, 친구의 이름을 넣어 선포하겠습니다.

"내 심령에 이르기를 여호와는 _____의 기업이시니 그러므로 _____이(가) 그를 바라리라 하도다"(예레미야애가 3:24)

## 2. 구체적인 기도

| 나 _____를 위한<br>구체적인 기도 제목 | 친구 _____를 위한<br>구체적인 기도 제목 |
|---|---|
|  |  |
|  |  |
|  |  |

### 3. 학교 선생님을 위한 성구기도

**예수님을 믿지 않는 학교 선생님을 위한 기도**

_____선생님의 눈을 열어 주셔서 어두움에서 빛으로, 사탄의 권세에서 하나님께로 돌아오게 하시고, 죄사함과 예수를 믿어 거룩하게 된 무리 가운데서 기업을 얻게 하옵소서. (사도행전 26:18)

**예수님을 믿는 학교 선생님을 위한 기도**

평강의 하나님이 모든 선한 일에 _____선생님을 온전케 하사 주님의 뜻을 행하게 하시고 그 앞에 즐거운 것을 예수 그리스도로 말미암아 우리 자녀들 속에 이루는 축복의 통로가 되게 하옵소서. (히브리서 13:21)

| 가정을 위한 중보기도 | 학교를 위한 중보기도 | 교회(교회학교와 부서)와<br>나라를 위한 중보기도 |
| --- | --- | --- |
|  |  |  |

## 마무리

오늘도 신실하신 하나님을 더 깊이 알아 갈 수 있도록
우리의 기도를 이끌어 주신 하나님께 감사와 찬양과 영광을 올려드리며
예수님의 이름으로 기도드립니다. 아멘.

chapter **22**

# 중보자 되시는
# 하나님

## 찬양(8분)

이제 중보자 되시는 하나님을 선포하고 찬양하겠습니다

| 함께 해요 | 중보자란 하나님과 사람 사이에서 관계를 연결해 주고 화평을 가져오는 사람을 말합니다. 중보자인 예수님은 인간의 모습으로 이 땅에 오셔서, 죄인인 우리를 대신해 죽으셨고, 죄인인 우리와 하나님의 관계를 화목하게 하셨습니다. 우리도 각자 이 세상 가운데서 많은 사람들을 하나님과 화목하게 하는 중보 기도자로 쓰임 받기를 소망합니다.

- 디모데전서 2:5 하나님은 한 분이시요 또 하나님과 사람 사이에 중보자도 한 분이시니 곧 사람이신 그리스도 예수라

- 로마서 8:34 누가 정죄하리요 죽으실 뿐 아니라 다시 살아나신 이는 그리스도 예수시니 그는 하나님 우편에 계신 자요 우리를 위하여 간구하시는 자시니라

- 히브리서 7:24-25 예수는 영원히 계시므로 그 제사장 직분도 갈리지 아니하느니라 그러므로 자기를 힘입어 하나님께 나아가는 자들을 온전히 구원하실 수 있으니 이는 그가 항상 살아 계셔서 그들을 위하여 간구하심이라

**고백**(2-3분)

내가 죄를 품고 있으면 하나님은 나의 기도를 듣지 않으세요. 이 시간은 조용히 나의
죄를 고백하는 기도를 하겠습니다

만일 내가 죄를 고백하면 하나님께서는 신실하시고 의로우심으로 내 죄를 용서하
시고 깨끗하게 하신다고 말씀하셨습니다. 이 말씀대로 나의 죄가 예수님의 보혈로
깨끗하게 씻겼음을 믿습니다. 성령님 이제 나를 온전히 다스리시고 성령으로 충만
하게 해주세요. 또한 구하는 자에게 성령 충만을 주신다는 것을 믿고 감사드립니다.

**감사**(5분)

이 시간은 하나님이 기도 응답을 해주신 것에 대하여 감사기도 드리겠습니다

나 _____를 위한 감사                친구 _____를 위한 감사

## 중보(10분)

이 시간은 다른 사람들(가족, 친구, 선생님, 교회, 학교, 나라)을 위해 기도하겠습니다

### 1. 성구기도

성구기도는 성경 말씀으로 하는 기도입니다. 성경 말씀에 이름을 넣어 기도해 봅시다. 먼저 나의 이름을 넣어 선포한 다음, 친구의 이름을 넣어 선포하겠습니다.

"마음을 살피시는 이가 성령의 생각을 아시나니 이는 성령이 하나님의 뜻대로 _____을(를) 위하여 간구하심이니라"(로마서 8:27)

### 2. 구체적인 기도

| 나 _____를 위한 구체적인 기도 제목 | 친구 _____를 위한 구체적인 기도 제목 |
|---|---|
| | |
| | |
| | |

## 3. 학교 선생님을 위한 성구기도

**예수님을 믿지 않는 학교 선생님을 위한 기도**

_____선생님의 눈을 열어 주셔서 어두움에서 빛으로, 사탄의 권세에서 하나님께로 돌아오게 하시고, 죄사함과 예수를 믿어 거룩하게 된 무리 가운데서 기업을 얻게 하옵소서. (사도행전 26:18)

**예수님을 믿는 학교 선생님을 위한 기도**

우리 주 예수 그리스도의 하나님, 영광의 아버지께서 지혜와 계시의 영을 _____선생님에게 주셔서 하나님을 더 깊이 알게 하시고 _____선생님의 마음의 눈을 밝히셔서 교사로 부르심의 소망이 무엇인지 알게 하여 주시옵소서. (에베소서 1:17-18)

| 가정을 위한 중보기도 | 학교를 위한 중보기도 | 교회(교회학교와 부서)와 나라를 위한 중보기도 |
| --- | --- | --- |
| | | |

## 마무리

오늘도 중보자 되시는 하나님을 더 깊이 알아 갈 수 있도록
우리의 기도를 이끌어 주신 하나님께 감사와 찬양과 영광을 올려드리며
예수님의 이름으로 기도드립니다. 아멘.

# chapter 23

# 선하신 하나님

**찬양**(8분)

이제 선하신 하나님을 선포하고 찬양하겠습니다

| 함께 해요 | 하나님은 친히 우리의 선하신 목자가 되어 주셔서 우리를 푸른 초장과 쉴 만한 물가로 인도하시며, 풍성한 은혜로 우리의 모든 필요를 채워 주십니다. 선한 목자 되신 우리 주 하나님은 우리가 죄 때문에 죽을 수밖에 없었을 때, 스스로 십자가를 지시고 죽으심으로 우리의 죄를 완전히 용서해 주셨습니다. 우리는 그분의 선한심으로 말미암아 영생의 축복을 누릴 수 있게 된 것입니다.

- **시편 23:6** 내 평생에 선하심과 인자하심이 반드시 나를 따르리니 내가 여호와의 집에 영원히 살리로다

- **시편 34:8** 너희는 여호와의 선하심을 맛보아 알지어다 그에게 피하는 자는 복이 있도다

- **요한복음 10:14-15** 나는 선한 목자라 나는 내 양을 알고 양도 나를 아는 것이 아버지께서 나를 아시고 내가 아버지를 아는 것 같으니 나는 양을 위하여 목숨을 버리노라

## 고백(2-3분)

내가 죄를 품고 있으면 하나님은 나의 기도를 듣지 않으세요. 이 시간은 조용히 나의 죄를 고백하는 기도를 하겠습니다

만일 내가 죄를 고백하면 하나님께서는 신실하시고 의로우심으로 내 죄를 용서하시고 깨끗하게 하신다고 말씀하셨습니다. 이 말씀대로 나의 죄가 예수님의 보혈로 깨끗하게 씻겼음을 믿습니다. 성령님 이제 나를 온전히 다스리시고 성령으로 충만하게 해주세요. 또한 구하는 자에게 성령 충만을 주신다는 것을 믿고 감사드립니다.

## 감사(5분)

이 시간은 하나님이 기도 응답을 해주신 것에 대하여 감사기도 드리겠습니다

나 _____를 위한 감사          친구 _____를 위한 감사

**중보**(10분)
이 시간은 다른 사람들(가족, 친구, 선생님, 교회, 학교, 나라)을 위해 기도하겠습니다

## 1. 성구기도

성구기도는 성경 말씀으로 하는 기도입니다. 성경 말씀에 이름을 넣어 기도해 봅시다. 먼저 나의 이름을 넣어 선포한 다음, 친구의 이름을 넣어 선포하겠습니다.

"여호와여 내 젊은 시절의 죄와 허물을 기억하지 마시고 주의 인자하심을 따라 주께서 _____을(를) 기억하시되 주의 선하심으로 하옵소서 여호와는 선하시고 정직하시니 그러므로 그의 도로 죄인들을 교훈하시리로다"(시편 25:7-8)

## 2. 구체적인 기도

| 나 _____를 위한<br>구체적인 기도 제목 | 친구 _____를 위한<br>구체적인 기도 제목 |
|---|---|
| | |
| | |
| | |

### 3. 학교 선생님을 위한 성구기도

**예수님을 믿지 않는 학교 선생님을 위한 기도**

_____선생님의 눈을 열어 주셔서 어두움에서 빛으로, 사탄의 권세에서 하나님께로 돌아오게 하시고, 죄사함과 예수를 믿어 거룩하게 된 무리 가운데서 기업을 얻게 하옵소서. (사도행전 26:18)

**예수님을 믿는 학교 선생님을 위한 기도**

우리 주 예수 그리스도의 하나님, 영광의 아버지께서 지혜와 계시의 영을 _____선생님에게 주셔서 하나님을 더 깊이 알게 하시고 _____선생님의 마음의 눈을 밝히셔서 교사로 부르심의 소망이 무엇인지 알게 하여 주시옵소서. (에베소서 1:17-18)

가정을 위한 중보기도     학교를 위한 중보기도     교회(교회학교와 부서)와
                                                    나라를 위한 중보기도

## 마무리

오늘도 선하신 하나님을 더 깊이 알아 갈 수 있도록
우리의 기도를 이끌어 주신 하나님께 감사와 찬양과 영광을 올려드리며
예수님의 이름으로 기도드립니다. 아멘.

# chapter 24

# 편재자 하나님

### 찬양(8분)

이제 편재자 하나님을 선포하고 찬양하겠습니다

| 함께 해요 | 주님은 우리가 어디로 가든지 우리와 함께하시는 분이십니다. 우리가 높은 곳에 올라가도 거기 계시며, 가장 낮은 곳으로 내려가도 하나님은 거기서 우리를 보살펴 주십니다. 그러므로 우리가 하나님을 찾으려 한다면 어디서든 만날 수 있습니다. 세상 끝날까지 우리를 버리지도, 떠나지도 않으시는 하나님을 기억합시다.

- 시편 139:7-8 내가 주의 영을 떠나 어디로 가며 주의 앞에서 어디로 피하리이까 내가 하늘에 올라갈지라도 거기 계시며 스올에 내 자리를 펼지라도 거기 계시니이다

  *스올 : 땅 밑

- 예레미야 23:24 여호와의 말씀이니라 사람이 내게 보이지 아니하려고 누가 자신을 은밀한 곳에 숨길 수 있겠느냐 여호와가 말하노라 나는 천지에 충만하지 아니하냐

- 골로새서 1:17 또한 그가 만물보다 먼저 계시고 만물이 그 안에 함께 섰느니라

### 고백(2-3분)

내가 죄를 품고 있으면 하나님은 나의 기도를 듣지 않으세요. 이 시간은 조용히 나의 죄를 고백하는 기도를 하겠습니다

만일 내가 죄를 고백하면 하나님께서는 신실하시고 의로우심으로 내 죄를 용서하시고 깨끗하게 하신다고 말씀하셨습니다. 이 말씀대로 나의 죄가 예수님의 보혈로 깨끗하게 씻겼음을 믿습니다. 성령님 이제 나를 온전히 다스리시고 성령으로 충만하게 해주세요. 또한 구하는 자에게 성령 충만을 주신다는 것을 믿고 감사드립니다.

### 감사(5분)

이 시간은 하나님이 기도 응답을 해주신 것에 대하여 감사기도 드리겠습니다

나 _____를 위한 감사          친구 _____를 위한 감사

## 중보(10분)
이 시간은 다른 사람들(가족, 친구, 선생님, 교회, 학교, 나라)을 위해 기도하겠습니다

### 1. 성구기도

성구기도는 성경 말씀으로 하는 기도입니다. 성경 말씀에 이름을 넣어 기도해 봅시다. 먼저 나의 이름을 넣어 선포한 다음, 친구의 이름을 넣어 선포하겠습니다.

"_____이(가) 주의 영을 떠나 어디로 가며 주의 앞에서 어디로 피하리이까 내가 하늘에 올라갈지라도 거기 계시며 스올에 내 자리를 펼지라도 거기 계시니이다"(시편 139:7-8)

### 2. 구체적인 기도

| 나 _____를 위한<br>구체적인 기도 제목 | 친구 _____를 위한<br>구체적인 기도 제목 |
| --- | --- |
|  |  |
|  |  |
|  |  |

### 3. 학교 선생님을 위한 성구기도

**예수님을 믿지 않는 학교 선생님을 위한 기도**

_____선생님의 눈을 열어 주셔서 어두움에서 빛으로, 사탄의 권세에서 하나님께로 돌아오게 하시고, 죄사함과 예수를 믿어 거룩하게 된 무리 가운데서 기업을 얻게 하옵소서. (사도행전 26:18)

**예수님을 믿는 학교 선생님을 위한 기도**

우리 주 예수 그리스도의 하나님, 영광의 아버지께서 지혜와 계시의 영을 _____선생님에게 주셔서 하나님을 더 깊이 알게 하시고_____선생님의 마음의 눈을 밝히셔서 교사로 부르심의 소망이 무엇인지 알게 하여 주시옵소서. (에베소서 1:17-18)

가정을 위한 중보기도          학교를 위한 중보기도          교회(교회학교와 부서)와
                                                              나라를 위한 중보기도

## 마무리

오늘도 편재자 하나님을 더 깊이 알아 갈 수 있도록

우리의 기도를 이끌어 주신 하나님께 감사와 찬양과 영광을 올려드리며

예수님의 이름으로 기도드립니다. 아멘.

# 복음전도문

| 순서 | 팔찌 색깔 | 어린이 전도 훈련- 복음 제시 |
|---|---|---|
| 1 | 도입 | _____야!<br>아무리 바빠도 지금 나에게 5분만 시간을 내어줘 부탁이야. (그게 뭔데?)<br>내 이야기를 듣고 나면 복음 팔찌를 선물로 줄게. |
| 2 | 황금색 | 이 팔찌는 무슨 색이니?<br>맞아. 노란색이라고도 하고 또는 황금색이라고도 해.<br><br>황금색은 바로 천국을 나타내는 색이야.<br>천국은 하나님이 계시는 곳으로, 너무나 아름답고 좋은 곳이란다.<br>천국에는 황금성과 황금길 그리고 생명나무와 생명수 강이 있어<br>그리고 눈물, 아픔, 슬픔, 질병, 죽음이 없는 곳이며, 무엇보다도 죄가 없는 곳이야.<br>하나님은 우리를 사랑하시고,<br>우리를 위한 특별한 계획을 가지고 계시는데<br>그것은 바로 아름답고 행복한 천국에서 영원히 하나님과 함께 사는 거란다.<br>하지만 우리는 천국에 들어갈 수가 없단다.<br>왜냐하면 바로 이것 때문이지. |
| 3 | 검정색 | 이 팔찌는 무슨 색이니?<br>맞아. 검정색이야.<br><br>검정색은 우리의 죄를 나타내고 있어.<br>우리는 태어날 때부터 죄인이야.<br>그래서 부모님, 선생님이 가르쳐 주지 않았는데도<br>시기하고, 질투하고, 따돌림하고, 미워하고, 싸우고,<br>거짓말하고, 욕하고, 짜증내고, 화내며 나쁜 죄를 짓는 거야<br>그런데 친구야,<br>우리는 죄 때문에 천국에 들어갈 수가 없단다.<br>더 무서운 것은 죄에 대한 벌이 있는데,<br>그것은 꺼지지 않는 지옥불에서 영원히 고통을 당하는 거야.<br>그러면 우리가 지은 죄를 어떻게 해결할 수 있을까?<br>죄인인 우리는 절대로 죄를 해결할 수 없어. |
| 4 | 빨강색 | 이 팔찌는 무슨 색이니?<br>맞아. 빨강색이야.<br><br>빨강색은 예수님이 흘리신 피를 나타내는 색이야.<br>예수님이 우리의 죄를 용서하시기 위해 십자가에서 죽으신 것을 말하는 거야.<br>우리의 힘과 노력으로는 절대로 죄를 해결할 수가 없어.<br>아무리 공부를 많이 하고, 돈을 많이 벌고, 착한 일을 해도 죄를 해결할 수는 없단다.<br>오직 하나님만이 해결하실 수 있어.<br>하나님은 우리를 너무나 사랑하시지만<br>우리 죄는 반드시 벌하셔야 해.<br>왜냐하면 하나님은 공의의 하나님이시기 때문이야.<br>그래서 우리가 지은 죄의 벌을 예수님이 십자가에서 죽으심으로 대신 다 받으셨어.<br>친구야, 죄를 용서받고 천국에 들어가고 싶지 않니? |

| 5 | 흰색 | 이 팔찌는 무슨 색이니?<br>맞아. 흰색이야.<br><br>흰색은 죄를 용서받아 깨끗하게 되는 것을 나타내는 색이야.<br>예수님을 마음으로 믿으면,<br>죄를 용서받고 하나님의 자녀가 되어<br>천국에도 들어갈 수 있어.<br><br>_____야, 지금 예수님을 믿고 죄를 용서받고 싶다면<br>나를 따라서 기도해봐.<br><br><div align="center">♥영접기도문♥<br><br>하나님 아버지<br>나를 위해 예수님을 보내 주셔서 감사합니다.<br>예수님이 십자가에 죽으심으로 나의 죄를 깨끗하게 하심을 감사합니다.<br>지금 내 마음에 들어오셔서<br>예수님의 피로 나의 죄를 용서해 주시고<br>영원토록 나와 함께해 주세요.<br>예수님의 이름으로 기도드립니다. 아멘.</div> |
|---|---|---|
| 6 | 초록색 | 이 팔찌는 무슨 색이니?<br>맞아. 초록색이야.<br><br>초록색은 나무가 자라듯이 성장하는 것을 나타내는 색이야.<br>하나님의 자녀가 된다는 것은 오직 하나님만을 섬기는 것이야.<br>그리고 하나님의 자녀들은 날마다 하나님을 믿는 믿음이 자라 가야 해.<br>친구야,<br>어떻게 하면 우리의 믿음이 자랄 수 있을까?<br>가장 먼저,<br>하나님을 섬기는 교회에 나와야 해.<br>주일(일요일)날 교회에 나와서<br>우리를 죄에서 구원해 주시고,<br>하나님의 자녀삼아 주신 것을<br>감사하며 예배를 드려야 해. |
| 7 | 마무리 | _____야!<br>하나님의 자녀가 된 것을 진심으로 축하해.<br>오는 주일(일요일)에 나와 함께 _____교회 주일학교에 같이 가자!<br><br><div align="center">♣ 복음 제시 후 바로 친구와 약속 정하기<br>→ 토요일에 전화해서 만날 시간과 장소를 확인하기<br>→ 주일날 교회에 같이 오기</div> |

127

Children
In Prayer